# MOYEN
## COURT ET TRES-FACILE
## DE FAIRE
# ORAISON

# MOYEN
## COURT ET TRES-FACILE
# DE FAIRE

# ORAISON

Que tous peuvent

pratiquer tres-aisement, & arriver par là dans peu de tems à une haute perfection.

*Ambula coràm me & esto perfectus.*

Marchez en ma presence, & soyez parfait. Genef chap. 17.

*Seconde edition revuë & corrigée.*

A LYON

Chez ANTOINE BRIASSON

ruë Merciere, au Soleil.

M. D C. LXXXVII

Avec Approbation & Permission

JEANNE MARIE BOUVIERES
De la Mothe Guion. Etat 44.
Née le 13 Avril 1648. Morte le 9 Juin 1717.

# Note de l'éditeur

## Pourquoi rééditer ce livre ?

« Père, je veux, quant à ceux que tu m'as donnés, que là où moi je suis, ils y soient aussi avec moi, afin qu'ils voient ma gloire, que tu m'as donnée » (Jean 17.2). Voilà l'unique et dernière volonté que Jésus a présentée à son Père… Quel émerveillement pour le chrétien d'entendre ce désir dans la bouche de Celui qui, étant Dieu, s'est incarné pour être pour nous le chemin et la vie ! Si c'était là son seul souhait, nous pouvons penser combien les instants que nous lui accordons dès aujourd'hui sont précieux pour lui !

Sûrement plus encore qu'au XVIIe siècle, nous sommes constamment soumis à de multiples sollicitations. Les valeurs de notre société sont faites d'actions : tout se mérite. Dans notre société, la réussite doit se voir. L'homme moderne doit briller, être constamment au top, un super-héros. Et le chrétien fidèle se laisse souvent enfermer dans ces exigences.

Et pourtant, nous, « chrétiens », petits Christs dans ce monde, nous sommes bien-sûr appelés à briller… Mais d'une manière bien différente… « Dieu connaît nos cœurs : car ce qui est haut estimé parmi les hommes est une abomination devant Dieu » (Luc 16. 15).

Alors comment être aujourd'hui « lumière du monde » (Matthieu 5. 14) à la suite de celui qui a dit « Pendant que je suis dans le monde, je suis la lumière du monde. » (Jean 9. 5) ?

N'est-ce pas en « priant par toutes sortes de prières et de supplications, en tout temps, par l'Esprit, et veillant à cela avec toute persévérance et des supplications pour tous les saints » et en particulier « pour donner à connaître avec hardiesse le mystère de l'évangile » (Ephésiens 6. 18 & 19) ?

Parmi toute ces « sortes de prières », il y en a une qui est en opposition totale avec l'activisme qui fonde notre pensée contemporaine : l'oraison.

Ce livre permet de découvrir ce qu'est l'oraison. Selon son titre, il veut nous transmettre « un moyen court et facile de faire cette oraison ». Il va nous enseigner un cheminement pour « entrer dans sa chambre la plus intérieure, et en fermer la porte, pour prier notre Père qui demeure dans le secret » (Matthieu 6. 6).

Cette sorte de prière, sans négliger les autres, ne serait-elle pas celle dont nous avons le plus grand besoin ? N'est-ce pas le souper en tête à tête auquel mon Seigneur me convie, lui qui frappe à ma porte ? (Apoc. 3. 20)

## Pourquoi cette réédition ?

Cette réédition a été transcrite avec la plus grande fidélité à partir de l'original disponible en ligne à la Bibliothèque Nationale de France. L'objectif est d'avoir le texte original avec une plus grande lisibilité. Seules quelques références bibliques comportant des erreurs ont été corrigées.

La langue de l'époque avec toutes ses particularités orthographiques et grammaticales a volontairement été respectée. Cela nous rappellera tout au long de la lecture que ce texte a été écrit dans un certain contexte et qu'il faut le lire comme tel.

A l'attention de nos lecteurs peu familiers avec les citations apocryphe (extraits de wikipedia) :

ECCLÉSIASTIQUE : Le Siracide, appelé aussi l'Ecclésiastique ou Le Livre de Ben Sira le Sage, est l'un des livres sapientiaux de l'Ancien Testament écrit vers 200 av. J.-C. Le Siracide tient son nom de son auteur, Yéshoua Ben Sira, ou Ben Sirach.

Les juifs et les protestants considèrent ce livre comme apocryphe, et par conséquent non canonique ; les juifs alexandrins, les chrétiens orthodoxes et les catholiques le considèrent comme un livre saint.

SAGESSE : Le Livre de la Sagesse (appelé en grec Sagesse de Salomon) est un livre qui figure dans l'Ancien Testament de l'Église catholique et de certaines Églises orthodoxes.

Ce livre de rédaction grecque fait partie du canon des Écritures inspirées pour les catholiques et certains orthodoxes, mais ne figure ni dans les bibles de tradition protestante ni dans le canon des écritures hébraïques reconnues par la Bible massorétique. En revanche, il fait partie des écrits en grec de la Septante.

## Comment lire ce livre ?

Selon 1 Thessaloniciens 5. 16 à 24 & 28

« Priez sans cesse. En toutes choses rendez grâces, car telle est la volonté de Dieu dans le Christ Jésus à votre égard.

N'éteignez pas l'Esprit ; ne méprisez pas les prophéties, **mais éprouvez toutes choses, retenez ce qui est bon.**

Abstenez-vous de toute forme de mal.

Or le Dieu de paix lui-même vous sanctifie entièrement ; et que votre esprit, et votre âme, et votre corps tout entiers, soient conservés sans reproche en la venue de notre Seigneur Jésus Christ. Celui qui vous appelle est fidèle, qui aussi le fera.

Que la grâce de notre Seigneur Jésus-Christ soit avec vous ;

Amen ! »

# PREFACE

'on ne pensoit point de donner au Public ce petit Ouvrage, que l'on avoit conçu dans une grande simplicité. Il avoit esté écrit pour quelques particuliers qui desiroient d'aimer Dieu de tout leur cœur, mais comme quantité de personnes en demandoient des copies, à cause de l'utilité que la lecture de ce petit traitté leur avoit aporté, ils ont souhaité de le faire imprimer pour leur propre satisfaction, sans autre veuë que celle-là ; on la laissé dans sa simplicité naturelle ; l'on ny condamne la conduite de personne, au contraire, l'on estime celles que tous autres tiennent ; l'on soûmet même tout ce qu'il contient à la censure des personnes d'experience & de Doctrine, l'on prie seulement les uns & les autres de ne point s'arrester à l'écorce, mais de penetrer le dessein de la personne qui l'a fait, qui n'est autre que de porter tout le monde à aymer Dieu, & à le servir avec plus d'agréement & de succés, le pouvant faire d'une maniere simple & aisée, propre

*aux petits qui ne sont pas capables des choses extraordinaires, ni de celles qui sont étudiées, mais qui veulent bien tout de bon se donner à Dieu. L'on prie ceux qui le liront de le lire sans prevention, & ils découvriront sous des expressions si communes, une onction cachée qui les portera à la recherche d'un bon-heur qu'ils doivent tous esperer de posseder. L'on se sert du mot de Facilité, disant que la perfection est aisée, parce qu'il est facile de trouver Dieu le cherchant au dedans de nous. L'on pourra alleguer ce passage :* Vous me chercherez & vous ne me trouverez pas. [Jean c.7. v.34.] *Cependant il ne doit point faire de difficulté, parce que le même Dieu qui ne peut point se contrarier luy-même a dit :* Qui cherche trouve [Matth. c.7. v.7.] *Celui qui cherche Dieu sans vouloir quitter le peché, ne le trouve point, parce qu'il le cherche où il n'est pas, c'est pourquoy il est ajoûté,* vous mourrès dans vostre peché ; *mais celui qui veut bien se faire quelque peine pour le chercher dans son cœur en quittant sincerement le peché pour s'approcher de lui, le trouvera infailliblement. Quantité de personnes se sont figuré la dévotion si affreuse, & l'Oraison si extraordinaire, qu'ils n'ont point voulu travailler à leur acquisition, desesperant d'en venir about, mais comme la difficulté que l'on se fait d'une chose, cause le desespoir d'y pouvoir reussir, & ôte en même-tems le desir de l'entreprendre, & que lors que l'on se propose une chose comme avantageuse, & qu'il est aisé de l'obtenir, l'on s'y donne avec plaisir, & l'on la poursuit avec hardiesse ; c'est ce qui a obligé de faire voir & l'avantage, & la facilité de cette voye. O si nous étions persuadez de la bonté de Dieu pour ses pauvres Creatures, & du desir qu'il a de se communiquer à elles ! l'on ne se feroit pas des monstres, & l'on ne desespereroit pas si facilement d'obtenir un bien qu'il desire extremtenent de nous donner :* Et aprés qu'il nous a donné son Fils unique, & la livré luy-même à la mort pour nous [Rom. c.8. v.32.] *pourroit-il nom refuser quelque chose ? non asseurement, il ne faut qu'un peu de courage & de perseverance, l'on en a tant pour de petits interests temporels, & l'on n'en a point pour* l'unique necessaire

[Luc c.10. v.41.] *Que ceux qui auront de la difficulté a croire qu'il est facile de trouver Dieu par cette voye, n'en croyent point a ce que l'on leur dit, mais qu'ils en fassent l'experience ; qu'ils en jugent par eux-mêmes, & ils verront que l'on leur en dit bien peu en comparaison de ce qui en est. Tres-cher Lecteur, lisez ce petit Ouvrage avec un cœur simple & sincere, avec la petitesse de l'esprit, sans vouloir l'éplucher scrupuleusement, & vous verrez que vous-vous en trouverez bien, recevez le avec le même esprit que l'on vous le donne, qui n'est autre que de vous porter tout à Dieu sans reserve ; qui n'est pas de le faire valoir ou estimer quelque chose, mais d'encourager les simples, & les enfans d'aller à leur Pere, qui ayme leur humble confiance, & auquel la defiance déplaît beaucoup : N'y cherchez, rien que l'amour de Dieu, & ayez. le desir sincere de vôtre salut & vous le trouverez asseurement, suivant cette petite Methode sans methode : L'on ne pretend point élever son sentiment au, dessus de celui des autres, mais l'on dit sincerement, l'experience que l'on a euë, tant par soy-même que par d'autres ames de l'avantage qu'il y a à se servir de cette manière simple & naïve pour aller à Dieu. Si l'on n'y parle pas de quantité de choses que l'on estime, mais seulement du moyen court & facile pour faire l'Oraison, c'est que n'estant fait que pour cela ; il ne peut point parler d'autre chose. Il est certain que si l'on le lit dans le même esprit qu'il a esté êcrit, que l'on n'y trouvera rien qui choque, l'esprit, l'on sera encore plus certain de la verité qu'il renferme, si lon veut bien en faire l'experience. C'est à vous ô S. Enfant JESUS qui aymez la simplicité & l'innocence !* Et qui faites vos delices d'étre avec les Enfans des Hommes. [Prov. c.8. v.31.] *C'est à dire, avec ceux d'entre les Hommes qui veulent bien devenir enfans. c'est à vous, dis-je a donner le prix, & la valeur à ce petit Ouvrage, l'imprimant dans le cœur, & portant ceux qui le liront à vous chercher au dedans d'eux où vous reposerez, comme dans une Creche, où vous desirez recevoir les marques de leur amour, & leur donner des témoignage du vostre, ils se privent de ses biens par leur faute.*

*C'est vôtre Ouvrage, ô Enfant Dieu ! ô Amour increé ô Parole muete & abrégée, de vous faire aymer, goûter & entendre ! vous le pouvez & j'ose dire que vous le devez, par ce petit Ouvrage qui est tout à vous, tout de vous & tout pour vous.*

# I

# Tous peuvent faire Oraison

**T**ous sont propres pour l'Oraison, & c'est un mal-heur effroyable que presque tout le monde se met dans l'esprit de n'étre pas appellé à l'Oraison. Nous sommes tous apellez, à l'Oraison, comme nous sommes tous apellez au salut. L'Oraison n'est autre chose que l'application du cœur à Dieu & l'exercice intérieur de l'amour. S. Paul nous ordonne de prier sans cesse. Nôtre Seigneur dit : *Je vous le dis à tous, veillez & priez.* Tous peuvent donc faire Oraison, & tous la doivent faire ? Mais je conviens que ,tous ne peuvent pas mediter, & tres-peu y sont propres. Aussi n'est-ce pas cette Oraison que Dieu demande, ny que l'on vous desire ? (mes tres chers freres) qui que vous soyez qui voulez vous sauver, venez tous faire Oraison, vous devez vivre d'Oraison, cõme vous devez vivre d'amour. *Je vous conseille d'acheter de moy de l'or éprouvé au feu, afin de vous enrichir.* [Apoc. c.3. v.18.] Il vous est tres-aisé de l'avoir, & plus que vous ne sçauriez-vous l'imaginer, *Venez vous tous qui avez, soif à ces eaux vives, & ne vous amusez pas à creuser des cisternes rompües qui ne peuvent contenir les eaux.* [Jerem. c.2. v.13.] Venez cœurs affamez qui ne trouvez rien qui vous contente, & vous serez pleinement remplis : Venez pauvres affligez qui étes accablés de peines & d'ennuis, & vous serez soulagez : Venez malades à vostre Medecin, & ne craignez pas de l'aborder, par ce que vous étes accablez de maladies : exposez-luy vos maux, & vous en serez soulagez : Venez enfans aupres de vôtre pere, il vous recevra des bras de l'amour : Venez pauvres Brebis errantes & égarées, aprochés de vôtre Pasteur : Venez pecheurs auprès de vôtre Sauveur : Venez ignorans, stupides ; vous étes tous propres pour l'Oraison ; vous qui croyez en étre incapables, c'est vous qui y étes les plus propres. Venés tous sans exception Jesus-Christ vous apelle tous. Que ceux qui sont sans cœur n'y viennent pas, ils en sont dispensez ; car il faut un cœur pour aymer. Mais qui est sans cœur ? O Venez donc donner ce cœur à Dieu ! & aprenez ici la manière de le faire. Tous ceux qui veulent faire Oraison, le peuvent aisement avec le secours de la grace ordinaire & des dons du S. Esprit qui sont communs à tous les Chrêtiens ; l'Oraison est la clef de la perfection, & du bon-heur souverain, c'est le moyen efficace de nous defaire de tous les vices, & d'acquérir toutes les vertus, car le grand moyen de devenir parfait est de marcher en la presence de Dieu ; il nous le dit luy-même ; *marchés en ma presence & soyés parfaits.* [Gen. c.17. v.1.] L'Oraison peut seule vous donner cette présence, & vous la donner continuellement, il faut donc vous aprendre à faire une Oraison qui se puisse faire en tout temps, qui ne détourne point des occupations exterieures que les Princes, les Rois, les Prélats, les Prêtres, les Magistrats, les Soldats, les Enfans, les Artisans, les Laboureurs, les Femmes & les Malades, puissent faire cette Oraison. Ce n'est point l'Oraison de la teste, mais l'Oraison du cœur : Ce n'est pas une Oraison de seule pensée, parce que l'esprit de l'homme est si borné, que s'il pense à une chose il ne peut penser à l'autre : Mais c'est l'Oraison du cœur qui n'est point interrompuë par toutes les occupations de l'esprit. Rien ne peut interrompre l'Oraison du cœur que les affections dereglées : Et lors que l'on a une fois goûté Dieu, & la douceur de son amour, il est impossible de goûter autre chose que luy ; Rien n'est plus aisé que d'avoir Dieu & de le goûter : Il est plus en nous que nous-méme. Il a plus de desir de se donner à nous, que nous de le posseder, il n'y a que la maniere de le chercher, qui est si aisée & si naturelle, que, l'air que l'on respire ne l'est pas davantage. Oüi, vous qui étes si grossiers qui croyez n'étre propres à rien, vous pouvez vivre d'Oraison & de Dieu même, aussi aisement & aussi continuellement que vous vivez de l'air que vous respirez. Ne serez-vous donc pas bien criminels si vous ne le faites pas. Vous le ferez, sans doute, lors que vous en aurez apris le chemin, qui est le plus aisé du monde.

# II

## Manière de faire Oraison

Il y a deux moyens pour introduire les ames dans l'Oraison, dont on peut & doit se servir pour quelque temps. L'un est la meditation. L'autre est la lecture meditée. La lecture méditée n'est autre chose que de prendre quelques verités fortes pour la speculative, & pour la pratique, préférant la dernière à la première, & lire de cette sorte, vousprendrez vôtre vérité telle que vous la voudrez choisir, & vous en lirés ensuite deux ou trois lignes, pour les digerer & goûter tâchant d'en prendre le suc & de vous tenir arresté à l'endroit que vous lirés tant que vous y trouvés du goût, & ne passant point outre que cet endroit ne vous soit rendu insipide.

Aprés cela il faut en reprendre autant, & faire de même, ne lisant pas plus de demy page à la fois. Ce n'est pas tant la quantité de la lecture qui profite, que la maniere de lire. Ces gens qui courent si fort, ne profitent pas, non plus que les abeilles ne peuvent tirer le suc des fleurs qu'en s'y reposant, & non en les parcourant. Lire beaucoup, est plus pour la science scolastique, que pour la mystique : mais pour profiter des livres spirituels il faut lire de cette sorte, & je suis seur que si l'on faisoit ainsi l'on s'habitueroit peu à peu, par la lecture à l'Oraison & l'on y seroit tres-disposé.

L'autre est la meditation qui se fait dans l'heure choisie pour cela, & non dans le temps de la lecture. Je crois qu'il seroit bon de s'y prendre de cette maniere. Après s'être mis en la presence de Dieu par un acte de foy vive, il faut lire quelque chose de substantiel, & s'arrêster doucement là dessus non avec raisonnement, mais seuleument pour fixer l'esprit, observant que l'exercice principal doit étre la présence de Dieu, & que le sujet doit être plûtoſt pour fixer l'esprit, que pour l'exercer au raisonnement. Cela supposé, je dis qu'il faut que la foy vive de Dieu present dans le fonds de nos cœurs, nous porte à nous enfoncer fortement en nous-mêmes recüeillant tous les sens au dedans, em-péchant qu'ils ne se repandent au dehors : ce qui eſt un grand moyen dés l'abord, de se de-faire de quantité de diſtraćtions, & de s'éloigner des objets du dehors, pour s'aprocher de Dieu, qui ne peut être trouvé que dans le fonds de nous-mêmes, & dans nôtre centre, qui eſt le *Sanćta-Sanćtorum* où il habite. Il promet même *que si quelqu'un fait volonté, il viendra à luy & fera sa demeure en lui* [Jean c.14. v.23.] S. Auguſtin s'accuse luy-même du temps qu'il a perdu pour n'avoir pas d'abord cherché Dieu de cette maniere.

Lors donc que son eſt ainsi enfoncé en soy-même, & vivement penetré de la presence de

Dieu dans ce fonds, lors que les sens sont tous ramassez & retirez de la circonference au centre : (ce qui donne un peu de peine au commencement ; mais qui est tres-aisé dans la suite, ainsi que je diray.) Lors dis-je que l'ame est de cette sorte ramassée en elle-même, & qu'elle s'occupe doucement & suavement de sa vérité luë, non en raisonnant beaucoup dessus, mais en la savourant ; & en excitant la volonté par l'affection, plûtost que d'appliquer l'entendement par . la considération: l'affection étant ainsi emuë, il faut la laisser reposer doucement & en paix, avalant ce qu'elle a goûté, comme une personne qui ne feroit que macher une excellente viande, ne s'en nourriroit pas, quoy quelle en eût le goût, si elle ne cessoit un peu ce mouvement pour l'avaler. Il en est de même lors que l'affection est émeuë, si l'on veut, la mouvoir encore, l'on éteint son feu ; & c'est ôter à l'ame sa nourriture, il faut qu'elle avale par un petit repos amoureux plein de respect & de confiance, ce qu'elle a maché & goûté. Cette methode est tres-necessaire, & avanceroit plus l'ame en peu de temps que par tout autre, en plusieurs années.

Mais comme j'ay dit que l'exercice direct & principal doit étre la vuë de la presence de Dieu, ce que l'on doit aussi faire le plus fidellement, c'est de rapeller ses sens lors qu'ils se dissipent : C'est une maniere courte & efficace de combattre les distractions ; parce que ceux qui veulent s'y opposer directement les irritent & les augmentent, au lien que s'enfonçant par la veuë de foy de Dieu présent & se recüeillant simplement, on les combat indirectement, & sans y penser ; mais d'une maniere tres-efficace.

J'avertis aussi ces commençans de ne point courir de veritez, en veritez, de sujets en sujets : Mais de se tenir sur le même, tant qu'ils y trouvent du goût, cest le moyen de penetrer bien-tôt les veritez, de les goûter & se les imprimer. Je dis, qu'il est difficile au commencement de se recüeillir à cause de l'habitude que l'ame a prise d'étre toute au dehors : mais lors qu'elle s'y est un peu habituée par la violence quelle s'est faite, cela luy devient fort aisé, tant parce qu elle en contracte l'habitude, que parce que Dieu qui ne demande qu'à se communiquer à sa créature, luy envoye des graces abondantes, & un goût experimental de sa presence qui le luy rend tres-facile.

# III

## Pour ceux qui ne sçavent pas lire

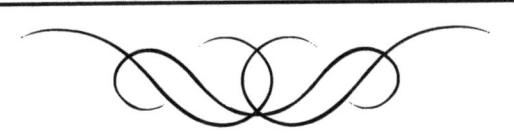eux qui ne sçavent pas lire, ne seront pas privés pour cela de l'Oraison. Jesus-Christ est le grand livre écrit par dehors & par dedans, qui leur enseignera toutes choses : ils doivent pratiquer cette méthode. Premièrement, il faut qu'ils apprennent une verité fondamentale qui est, que le Royaume de Dieu est au dedans d'eux, & que c'est là qu'il le faut chercher. Les Curez devroient aprendre à faire Oraison à leurs Parroissiens, comm'ils leur aprennent le Catechisme : Ils leur aprennent la fin pour laquelle ils ont ésté créez, & ils ne leur aprennent pas assés a

joüir de leur fin. Qu'ils le leurs aprenent de cette maniere ; il faut commencer par un acte profond d'adoration & d'âneantissement devant Dieu, & là tachant de fermer les yeux du corps ouvrir ceux de l'ame puis la ramasser au dedans, & s'occupant directement de la présence de Dieu par une foy vive, que Dieu est en nous sans laisser repandre les puissances & les sens au dehors, les tenir le plus qu'ils se peut captifs, & assujettis ; qu'ils disent donc ainsi leur *Pater* en François, comprenant un peu ce qu'ils disent, & pensant que Dieu qui est au dedans d'eux, veut bien estre leur pere. En cet estat qu'ils luy demandent leurs besoins, & apres avoir prononcé ce mot de *Pere* qu'ils demeurent quelques momens en silence avec beaucoup de respect, attendant que ce pere celeste leur fasse connoître ses volontez. D'autre fois le Chrétien se regardant comm'un enfant tout sale & gâté de ses cheutes, qui n'a point de force ny pour se soutenir, ny pour se netoyer ; qu'il s'expose à son pere d'une maniere humble

& confuse, tantôt mélant quelque mot d'amour & de douleur, puis demeurant en silence, ensuite poursuivant le *Pater*, qu'il prie ce Roy de gloire de regner en lui s'abandonnant à lui, même afin qu'il le fasse, & lui cédant les droits qu'il a sur soi sentant une inclination à la paix & au silence il ne faut pas poursuivre, mais demeurer ainsi tant que cet état dure : apres quoi l'on cõtiniüera la secõde demande. *Que vôtre volonté soit faite en la Terre comme au Ciel* ; [Matth. c.6. v.10.] Sur laquelle ces humbles suppliants désireront que Dieu accõplisse en eux & par eux, toutes ses volõtez, ils donneront à Dieu leur cœur & leur liberté afin qu'il en dispose, à son gré puis voyant que l'occupation de la volonté doit étre d'aimer : ils desireront d'aimer & demanderont à Dieu son amour, mais cela se fera doucement, paisiblemẽt, & ainsi du reste du *Pater*, dont Messieurs les Curez peuvent les instruire. Il ne doivent point, se surcharger d'une quantité excessive de Pater, & d'Ave ni d'autres prieres vocales, un seul Pater dit de la maniere que je viens de dire sera d'un tres-grand fruit. D'autres fois ils se tiendront comme des brebis auprés de' leur Pasteur, & lui demanderont leur veritable nourriture. O divin Pasteur vous nourrissez de vous même ! vos brebis, & vous étes leur pain de chaque jour. Ils pourront aussi lui representer les besoins de leur famille, mais il faut que tout cela se fasse avec cette veuë de foy directe & principale de Dieu en nous. Ce n'est rien de Dieu que tout ce que l'on se figure, une vive foy de sa presence, suffit car il ne se faut former nulle image de Dieu, quoy que l'on puisse s'en former de Jesus- Christ, le regardant comme crucifié, ou comme enfant, ou dans quelque autre état ou mystere pourveu que l'ame le cherche toûjours dans son fonds : d'autresfois l'on le regarde comme un Médecin, & l'on luy présente ses playes afin qu'il les guerisse, mais toûjours sans effort, & avec un petit silence de temps en temps, afin que le silence soit melé d'action, augmentant peu à peu le silence, & diminuant le discours jusques à ce qu'ëfin à force de ceder peu à peu à l'operer de Dieu, il gagne le dessus, comm'il sera dit dans la suite, lors que la presence de Dieu eſt donnée, & que l'ame commence à gouter peu à peu le silence & le repos ; ce goût experimental de la presence de Dieu l'introduit dans second degré, d'Oraison que l'on obtient d'ordinaire en commençant, comm'il a eſté dit, & pour ceux qui sçavent, lire, & pour ceux qui ne le sçavent pas quoique Dieu en gratifie dès le commencement quelques ames privilégiées.

# IV

## Second Degré, d'Oraison

Le second degré eſt apellé de quelques-uns Contemplation, oraison de foy, de repos & d'autres lui donnent le nom d'Oraison de simplicité, & c'eſt de ce dernier terme dont il se faut servir ici, eſtant plus propre que celuy de Contemplation, qui signifie une oraison plus advancée que celle dont je parle. Lors donc que l'ame s'eſt exercée, comm'il a eſté dit durant quelquetemps, elle sent peu à peu que la facilité de s'appliquer à Dieu lui eſt donnée, elle .çommence à se recuëillir plus aisement, l'Oraison luy devient aisée, douce , agreable, elle connoît que c'est le chemin pour trouver Dieu : elle sent l'odeur de ses parfums, lors il faut qu'elle change de methode & qu'elle fasse avec fidélité & courage, ce que je vais dire, sans s'étonner de tout ce que l'on luy pourroit alleguer. Premierement, que si-tôt qu'elle se met en la presence de Dieu avec foy, & qu'elle se recueille, qu'elle demeure un peu de cette sorte dans un silence respectueux, que si dés le commencement, en faisant son acte de Foy, elle se sent un petit goût de la presence de Dieu, qu'elle demeure-là, sans se mettre en peine d'aucun sujet, ny de passer outre, & qu'elle garde ce qui luy est donné tant qu'il dure, s'il s'en va qu'elle excite sa volonté par quelque affection tendre : & si dés la premiere affection elle se trouve remise dans sa douce paix, qu'elle y demeure. Il faut soufler doucement le feu, & si-tôt qu'il est allumé cesser de le soufler, car qui voudroit encore soufler l'éteindroit. Je demande sur tout que l'on ne finisse jamais l'Oraison, sans que l'on demeure quelque temps sur la fin dans un silence respectueux. Il est encore de grande consequence que l'ame aille à l'Oraison avec courage, qu'elle y porte un amour pur, & sans interét : Qu'elle n'y aille point tant pour avoir quelque chose de Dieu ; comme pour luy plaire & faire sa volonté. Car un serviteur qui ne sert son Maître qu'à mesure qu'il le recompense, est indigne d'étre recompensé. Allez donc à l'Oraison, non pour vouloir jouïr de Dieu, mais pour y étre comm'il veut ; cela fera que vous serez égal dans les secheresses, comme dans l'abondance, que vous ne vous étonnerez point des rebuts de Dieu, ny des secheresses.

# V

## Des Secheresses

Comme Dieu n'a point d'autre desir que de se donner à l'ame amoureuse qui le veut chercher, il se cache souvent pour reveiller sa paresse, & l'obliger à le chercher avec amour & fidelité. Mais avec qu'elle bonté recompense-t'il la fidelité de sa bien-aymée ? & combien les fuites aparentes sont-elles suivies de caresses amoureuses ? L'on croit alors que c'est une plus grande fidelité, & que c'est marquer d'avantage son amour que de le chercher avec effort de tête & à force d'action, ou que cela le fera bien-tost revenir. Non, croyez moy cheres ames, ce n'est point la conduite de ce degré, il faut qu'avec une patience amoureuse, un regard abaissé & humilié, une affection frequente, mais paisible, un silence respectueux vous attendiés le retour du Bien-aimé. Vous luy ferez voir par cette maniere d'agir, que c'est luy seul que vous aymés, & son bon plaisir, & non le plaisir que vous aurez à l'aymer. C'est pourquoy il est dit : *Ne vous impatientez point dans les temps de secheresse & d'obscurité, souffrez les suspensions & les retardement des consolations de Dieu ; demeurez, uny à luy ; attendez-le avec patience, afin que vostre vie croisse & se renouvelle.* [Ecclésiastique c.2. v.2. & 3.] Soyés patient dans l'Oraison, & quand vous n'en feriez point d'autre toute vôtre vie que d'attendre dans un esprit humilié, abandonné, resigné & content, le retour du Bien-aimé. O l'excellente Oraison ! vous pouvez l'entreméler de plaintes amoureuses. O que ce procedé charme le cœur de Dieu ! & l'oblige bien plus à revenir que nul autre.

# VI

## De l'Abandon

'est ici que doit commencer l'abandon & la donation de tout soy-même à Dieu par se convaincre fortement, que tout ce qui nous arrive de moment en moment est ordre & volôté de Dieu, & tout, ce qu'il nous faut. Cette conviction nous rendra contens de tout, & nous fera regarder en Dieu, & non du côté de la creature tout ce qui nous arrive. Je vous conjure, mes tres-chers freres, qui que vous soyez, qui voulez bien vous donner à Dieu, de ne vous point reprendre lors que vous vous serez une fois donné, à lui & de

penser qu'une chose donnée n'est plus en vôtre disposition.

L'abandon est ce qu'il y a de consequence dans toute la voye, & c'est la clef de tout l'interieur. Qui sçait bien s'abandonner, sera bientôt parfait. Il faut donc se tenir ferme à l'abandon sans écoûter le raisonnemenr ny la reflexion. Une grande foy fait un grand abandon : il faut s'en fier à Dieu, *esperant contre toute esperance.* [Rom. c.4. v.18.] L'abandon est un dépoüillement de tout soin de nous-mêmes, pour nous laisser entierement à la conduite de Dieu. Tous les Chrêtiens sont exhortez à s'abandonner : Car c'est à tous qu'il est dit, *ne soyés pas en soucy pour le lendemain : Car vôtre Pere celeste sçait tout ce qui vous est neccessaire* [Matth. c.6. v.32.] *pensez. à luy dans tontes vos voyes, & il conduira luy-méme vos pas.* [Prov. c.3. v.6.] *Exposez vos œuvres au Seigneur, & il fera reüssir vos pensées.* •Prov. c.16. v.3.] *Remettés au Seigneur toute vostre conduite, & esperès en lui & il agira luy-même.* [Ps. 37. v.5.] L'abandon doit

## VI – De l'Abandon

donc étre autant pour l'exterieur que pour l'interieur, un delaissement total entre les mains de Dieu, s'oubliant beaucoup soy-même, & ne pensant qu'à Dieu, le cœur demeure par ce moyen toûjours libre, content & dégagé. Pour la pratique, elle doit être de perdre sans cesse toute volonté propre dans la volonté de Dieu ; renoncer à toutes inclinations particulieres quelques bonnes qu'elles paroissent : si-tôt que l'on les sent naître, pour se mettre dans l'indifference, & ne vouloir que ce que Dieu a voulu dés son eternité, étre indifferent à toutes choses soit pour le corps, soit pour l'ame, pour les biens temporels & eternels ; laisser le passé dans l'oubly, l'avenir à la providence, & donner le present à Dieu, nous contenter du moment actuel qui nous apporte avec foy l'ordre eternel de Dieu sur nous, & qui nous est une déclaration autant infaillible de la volonté de Dieu, comm'elle est commune & inévitable pour tous : ne rien attribuer à la creature de ce qui nous arrive ; mais regarder toutes choses en

Dieu, & les regarder comme venant infailliblement de sa main, à la reserve de nôtre propre peché. Laissez-vous donc conduire a Dieu comm'il luy plaira, soit pour l'interieur, ou pour l'exterieur.

# VII

## De la Souffrance

oyez content de tout ce que Dieu vous fera souffrir : si vous l'aymez purement, vous ne le chercherés pas moins en cette vie sur le Calvaire que sur le Thabor, il faut l'aymer autant sur le Calvaire, que sur le Thabor, puisque c'est le lieu où il fait paroître le plus d'amour. Ne faites pas cõme ces persõnes qui se donnent dans un tems, & se reprenent en un autre, ils se donnent pour étre caressés, & ils se reprenent lors qu'ils sont crucifiés, ou biẽ ils võt chercher dans la creature leur consolation. Nõ, vous ne trouverez point, cheres ames, de consolation, que dans l'amour

de la Croix, & dans l'abandon entier. *O qui n'a pas le goût de la Croix, n'a pas le goût de Dieu !* [Matth. c.16. v.23. & 24.] Il est impossible d'aymer Dieu sans aymer la Croix, & un cœur qui a le goût de la Croix, trouve douces, plaisante & agréables, les choses même les plus ameres : *Une ame affamée trouve douces les choses qui sont ameres.* [Prov. c.27. v.7.] parce qu'elle se trouve autant affamée de son Dieu qu'elle se trouve affamée de la Croix, la Croix donne Dieu, & Dieu dône la Croix. La marque de l'avancement interieur est, si l'on avance dans la Croix : l'abandon & la Croix vont de compagnie, si-tôt que vous sentez quelque chose qui vous repugne, & qui vous est proposé comme souffrance, abandonnez-vous à Dieu d'abord, pour cette même chose, & donnez-vous à luy en sacrifice, vous verrez que lors que la Croix viendra elle ne sera plus si pesante, parce que vous l'aurez bien voulue, ce qui n'empêche pas que l'on n'en sente le poids, comme quelqu'un s'imagine, que ce n'est pas souffrir que de sentir la Croix : sentir la souffrance est une des principales parties de la souffrance même ; Jésus-Christ en a voulu souffrir toute la rigueur. Souvent l'on porte la Croix avec foiblesse, d'autresfois avec force, tout doit être égal dans la volonté de Dieu.

# VIII

## Des Mysteres

L'on m'objectera que par cette voye l'on ne s'imprimera pas les mysteres, c'est tout le contraire, ils sont donnez en realité à l'ame, Jesus-Christ à qui l'on s'abandonne, & que l'on suit *comme voye, que l'on écoute comme vérité, & qui nous anime comme vie* [Jean c.14. v.6.] s'imprimant luy-méme en l'ame, luy fait porter tous ses états. Porter les états de Jesus-Christ, c'est quelque chose de bien plus grand que de considerer seulement les états de Jesus- Christ, S. Paul portoit sur son corps les états de Jesus-Christ. *Je porte,* dit-il, *sur mon corps les marques de*

*Jesus-Christ*. [Galat. c.6. v.17.] mais il ne dit pas qu'il raisonnoit dessus. Souvent Jesus-Christ donne dans cét état d'abandon des veües de ses états d'une maniere bien particuliere. Il faut les recevoir & se laisser apliquer à tout ce qui lui plaira, recevant également toutes les dispositions où il luy plaira nous mettre, & n'en choisissant aucune par nous-mémes, que celle de demeurer auprez de luy, de nous affectionner, de nous aneantir devant luy, mais recevant également tout ce qu'il nous donne, lumieres, ou tenebres ; facilité, ou sterilité ; force, ou foiblesse ; douceur, ou amertume ; tentation, ou distraction, peines, ennuis, incertitudes, rien de tout cela ne nous doit arrester. Il y a des personnes que Dieu applique durant des années entieres à goûter un de ces Mysteres. La seule veüe ou pensée de ce Mystere les recüeillit au dedans ; qu'ils y soient fidelles : mais lors que Dieu le leur ote, qu'ils s'en laissent dépoüiller. D'autres se font de la peine de ne pouvoir penser à un Mystere ; c'est sans sujet, puisque l'attention amoureuse à Dieu renferme toute devotion particuliere, & que qui est uni à Dieu seul par son repos en luy est appliqué d' une maniere plus excellente à tous les mysteres. Qui ayme Dieu, ayme tout ce qui est de luy.

# IX

## De la Vertu

'est le moyen court & asseuré d'acquérir la vertu, parce que Dieu étant le principe de toute vertu, c'est posseder toute vertu que de posseder Dieu, & plus on approche de cette possession, plus l'on a la vertu en degré eminent. De plus, je-dis, que toute vertu qui n'est point donnée par le dedans est un masque de vertu, & comme un vêtement qui s'ôte & ne dure gueres. Mais la vertu communiquée par le fonds, est la vertu essentielle, veritable, & permanente : *La beauté de la fille du Roy vient du dedans* [Ps. 44. v.11.] Et de toutes les ames il n'y

en a point qui la pratiquent plus fortement, que celles-cy ; quoy qu'elles ne pensent pas à la vertu en particulier. Dieu à qui elles se tiennent unies leur en fait pratiquer de toutes sortes ; il ne leur souffre rien, il ne leur permet pas un petit plaisir. Quelle faim ces ames amoureuses n'ont-elles pas de la souffrance ? A combien d'austeritez se livreroient-elles, si l'on les laissoit agir selon leur desirs ? Elles ne pensent qu'à ce qui peut plaire à leur Bien-aimé, & elles commencent a se negliger elles-mémes & à se moins aimer ; plus elles aiment leur Dieu, plus elles se haïssent, & plus elles ont de degout des créatures. O si l'on pouvoit apprendre cette methode si facile, qu'elle est propre pour tous pour les plus grossiers & ignorans, comme pour les plus doctes, combien aisément toute l'Eglise de Dieu seroit-elle reformée ? Il ne faut qu'aimer. *Aimés & faites ce que vous voudrés* (S. August.) Car lors que l'on ayme bien, l'on ne peut vouloir rien faire qui puisse déplaire au Bien-aimé.

# X

## De la Mortification

Je dis de plus qu'il est comme impossible d'arriver jamais à la parfaite mortification des sens & des passions par une autre voye. La raison toute naturelle est que c'est l'ame qui donne la force & la vigueur aux sens : comme ce sont les sens qui irritent & émeuvent les passions. Un mort n'a plus ni sentiment ni passions, à cause de la separation qui s'est faite de l'ame & des sens. Tout le travail qui se fait par le dehors porte toûjours l'ame plus au dehors dans les choses où elle s'applique plus fortement : C'est dans celles-là qu'elle se repand d'avantage : étant appliquée directement à l'austerité & au dehors, elle est toute tournée de ce côté-là, de sorte qu'elle met les sens en vigueur, loin de les amortir. Car les sens ne peuvent tirer de vigueur que de l'application de l'ame qui leur communique d'autant plus de vie, qu'elle est plus en eux. Cette vie du sens émeut & irrite la passion, loin de l'éteindre, les austeritez peuvent bien affoiblir le corps, mais jamais émousser la pointe des sens, ni leur vigueur par la raison que je viens de dire. Une seule chose le peut faire, qui est que l'ame par le moyen du recüeillement le tourne toute au dedãs d'elle pour s'occuper de Dieu qui y est present. Si elle tourne toute sa vigueur & sa force au dedans d'elle, elle se separe des sens par cette seule action ; & employant toute sa force & sa vigueur au dedans, elle laisse les sens sans vigueur, & plus elle s'avance & s'aproche de Dieu, plus elle se separe d'elle-même. C'est ce qui fait que les personnes en qui l'attrait de la grace est fort, se trouvent toutes foibles au dehors, & tombent

## X – De la Mortification

souvent dans la défaillance. Je n'entens pas par-là qu'il ne faille pas se mortifier, la mortification doit toûjours accompagner l'Oraison selon les forces, l'état d'un chacun, & l'obeïssance ; mais je dis que l'on ne doit pas faire son exercice principal de la mortification, ni se fixer à telles & telles austerités ; mais fuyant seulement l'attrait intérieur, & s'occupant de la presence de Dieu, sans penser en particulier à la mortification, Dieu en fait faire de toutes sortes, & il ne donne point de, relâche aux âmes qui sont fideles à s'abandonner à luy, qu'il n'ait mortifié en elles tout ce qu'il y a à mortifier.

Il faut donc seulement se tenir attentif à Dieu, & tout se fait avec beaucoup de perfection. Tous ne sont pas capables des austeritez extérieures, mais tous sont capables de cecy. Il y a deux sens que l'on ne peut exceder à mortifier, la veuë & l'ouye, parce que ce sont ceux là qui forment toutes les especes : Dieu le fait faire, il n'y a qu'à suivre son esprit. L'ame par cette conduite a un double avantage, qui est, qu'à mesure qu'elle se tire du dehors elle s'approche toûjours plus de Dieu, & en s'approchant de Dieu, outre qu'il luy est communiqué une force & vertu secrete qui la soûtient & la preserve, c'est qu'elle s'éloigne d'autant plus du peché, qu'elle s'approche plus prez de Dieu ; & elle est alors dans une conversion habituelle.

# XI

## De la Conversion

onvertissez-vous à Dieu dans le fonds du cœur, selon que vous vous estiez éloignés de lui.* [Isaie c.31. v.6.] La conversion n'est autre chose que de se détourner de la creature pour retourner à Dieu. La conversion n'est pas parfaite quoi qu'elle soit bonne & necessaire pour le salut, lors qu'elle se fait seulement du peché à la grace.- Pour estre entiere, elle doit se faire du dehors au dedans. L'ame estant tournée du côté de Dieu elle a une facilité tres-grande de demeurer convertie à Dieu, & plus elle demeure convertie, plus elle s'approche de Dieu & s'y attache,

& plus elle s'approche de Dieu, plus elle s'éloigne necessairement de la Creature, qui est opposée à Dieu. Si bien qu'elle se fortifie si fort dans sa conversion quelle luy devient habituelle, & comme toute naturelle. Or il faut sçavoir que cela ne se fait pas par un exercice violent de la Creature. Le seul exercice qu'elle peut & doit faire avec la grace, c'est de se faire effort pour se tourner & ramasser au dedans. Aprés quoi il n'y a plus rien à faire que de demeurer tourné du costé de Dieu dans une adherance continuelle.

Dieu a une vertu attirante qui presse toûjours plus fortement l'ame d'aller à lui, & en l'attirant, il la purifie, comme l'on voit le Soleil attirer à soi une vapeur grossiere, & peu à peu sans autre effort de la part de cette vapeur que de se laisser tirer, le Soleil en l'aprochant de soy la subtilise & la purifie. Il y a cependant cette difference, que cette vapeur n'est pas tirée librement, & ne suit pas volontairement, comme fait l'ame. Cette maniere de se tourner au de-

## XI – De la Conversion

dans est tres aisée, & avance l'ame sans effort & tout naturellement, parce que Dieu est nostre centre. Le centre a toûjours une vertu attirante tres-forte, & plus le centre est eminent & spirituel, plus son attrait est violent & impetueux sans pouvoir estre arresté. Outre la vertu attirante du centre, il est donné à toutes les Creatures une pante forte reünion à leur centre, en sorte que les plus spirituels & parfaits ont cette pante plus forte. Si-tost qu'une chose est tournée du costé de son centrer, à moins qu'elle ne soit arrestée par quelque obstacle invincible, elle s'y précipite avec une extreme vitesse. Une pierre en l'air n'est pas plûtost détachée & tournée vers la terre qu'elle y tend par son propre poids comme à son centre. Il en est de méme de l'eau & du feu qui n'estant point atrestés courent inccessamment à leur centre. Or je dis que l'ame par l'effort qu' elle s'est fait, pour se recüeillir au dedans étant tournée en pente centrale, sans autre effort que le poids de l'amour, tombe peu à peu dans le centre, & plus elle demeure paisible & tranquile sans se mouvoir elle-même, plus elle avance avec vitesse, parce qu'elle donne plus de lieu à cette vertu atractive & centrale de l'attirer fortement.

Tout le soin donc que nous devons avoir, c'est de nous recüeillir au dedans le plus qu'il nous sera possible, ne nous estonnant point de la peine que nous pouvons avoir à cet exercice, qui sera bientost recompensé d'un concours admirable de la part de Dieu, qui le rendra tres-aisé : pourveu que nous soyons fideles à ramener nostre cœur doucement, & suavement par un petit retour doux & tranquille, & par des affections tendres & paisibles, lors qu'il s'éloigne par des distractions & par les occupations. Lors que les passions s'élevent, un petit retour au dedans du costé de Dieu qui est present, les amortit avec beaucoup de facilité ; tout autre combat les irrite plutôt, que de les appaiser.

# XII

# De l'Oraison de simple presence de Dieu

L'Ame fidele à s'exercer, comme il a esté dit, dans l'affection & dans l'amour de son Dieu, est toute estonnée qu'elle sent peu à peu qu'il s'empare entierement d'elle. Sa presence luy devient si aisée, qu'elle ne pourroit pas ne la point avoir : elle luy est donnée par habitude aussi bien que l'oraison. L'ame ressent que le calme s'empare peu à peu d'elle-méme : Le silence fait toute son Oraison, & Dieu luy donne un amour infus qui est le commencement d'un bon-heur ineffable. O s'il m'estoit permis de poursuivre les degrés infinis, qui suivent ! Mais il faut s'arrester icy, puisque je n'escris que pour les commençans, en attendant que Dieu mette au jour ce qui pourra servir pour tous les estats.

Il se faut contenter de dire que c'est alors qu'il est de grande consequence de faire cesser l'action & l'opération propre pour laisser agir Dieu : *Tenez, vous en repos & reconnoissez que je suis Dieu*, nous dit-il luy-méme par David, [Ps 45. v.11.] Mais la creature est si .amoureuse de ce qu'elle fait, qu'elle croit ne rien faire si elle ne sent, connoît & distingue son operation. Elle ne voit pas que c'est la vitesse de sa course qui l'empéche de voir ses demarches, & que l'opération de Dieu devenant plus apondante, absorbe celle de la creature, comme l'on voit que le Soleil, à mesure qu'il s'éleve, absorbe peu à peu toute la la lumiere des Etoiles, qui se distinguoient tres bien avant qu'il parût. Ce n'est point le deffaut de lumiere qui fait que l'on ne distingue plus les Etoiles, mais l'excez de lumiere. Il en est de même icy, la creature ne distingue plus son operation, parce qu'une lumiere forte & generale absorbe toutes ses petites lumieres distinctes, & les fait entierement defaillir, à cause que son excez les surpasse toutes : De sorte que ceux qui accusent cette Oraison d'oysiveté se trompent beaucoup, & c'est faute d'experience qu'ils le disent de la sorte.

O s'ils vouloient un peu travailler à en faire l'essay ! dans peu de temps ils seroient experimentez & sçavans en cette matiere.

Je dis donc que cette deffaillance d'operer ne vient point de disette, mais d'abondance, comme la personne qui en fera l'experience le distinguera bien. Elle connoistra que ce n'est pas un silence infructueux, causé par la disette, mais un silence plein & onctueux causé par l'abondance. Deux sortes de personnes se taisent ; l'une pour n'avoir rien à dire, & l'autre pour en avoir trop. Il en est de même en ce degré, l'on se taît par excez & non par deffaut. L'eau cause la mort à deux personnes bien differemment. L'une se meurt de soif, l'autre se noye. L'une meurt par la disette, & l'autre par l'abondance. C'eſt icy l'abondance qui fait cesser les operations, il eſt donc bien de consequence en ce degré de demeurer le plus en silence que l'on peut ; un petit enfant attaché à la mamelle de sa nourrice nous le montre sensiblement, il commence à remüer ses petites lèvres pour faire venir le lait ; mais lors que le lait vient avec abondance, il se contente de l'avaler sans faire nul mouvement : s'il en faisoit il se nuiroit, & feroit répandre le lait, & il seroit obligé de quitter. Il faut de méme au commencement de l'Oraison d'abord remuer les lévres de l'affection, mais l'ors que le lait de la grace coule, il n'y a rien à faire qu'à demeurer en répos, avalant doucement, & lors que le lait cesse de venir, remuer un peu l'affection, comme l'enfant fait la levre. Qui feroit autrement ne pourroit profiter de cette grace qui se donne ici pour attirer au repos de l'amour, & non pour exciter au mouvement de la propre multiplicité. Qu'arrive-t'il à cét enfant qui avale doucement le lait en paix sans se mouvoir ? Qui pourroit croire qu'il se nourrit de la sorte ? Cependant plus il tête en paix, plus le lait lui profite. Que lui arrive-t'il, dis-je, à cet enfant ? c'est qu'il s'endort sur le sein de sa mere : cette ame paisible à l'Oraison, s'endort souvent du sommeil mystique, où toutes les puissances se taisent jusques à ce qu'elles entrent par état dans ce qui leur est donné passagerement ; vous voyez que l'ame est conduire icy tout naturellement sans géne, sans effort, sans étude, sans artifice.

L'interieur n'est pas une place forte qui se prenne par le canon & par la violence : c'est un royaume de paix qui se possede par l'amour. Ainsi suivant tout doucement ce petit train pris de cette maniere, l'on arrivera bien-tôt à l'Oraison infuse. Dieu ne demande rien d'extraordinaire, ny de trop difficile ; au contraire un procédé tout simple & enfantin lui plait extremement. Tout ce qu'il y a de plus grand dans la Religion, est ce qu'il y a de plus aisé ; les Sacremens les plus necessaires sont les plus faciles ; de même dans les choses naturelles. Voulez-vous aller à la mer ? embarquez-vous sur une Riviere, & insensiblement & sans effort vous y arriverez. Voulez-vous aller à Dieu ? prenez cette voye si douce, si aisée, & en peu de tems vous y arriverez d'une maniere qui vous surprendra. O si vous vouliez bien en faire l'essay ! que vous verriez bien-tôt que l'on vous en dit trop peu, & que l'experience que vous en feriez iroit bien au delà de ce que l'on en marque. Que craignez vous ? Que ne vous jettez-vous promptement entre les bras de l'amour qui ne les a étendus sur la Croix que pour vous recevoir ? Quelle risque peut-il y avoir à s'en fier à Dieu, & à s'abandonner à lui ? Ha ! il ne vous trompera pas, si ce n'est d'une agreable maniere, vous donnant beaucoup plus que vous n'attendez, au lieu que ceux qui attendent tout d'eux-mêmes pourroient bien entendre ce reproche que Dieu fait par la bouche d'Isaie :

## XII – De l'Oraison de simple presence de Dieu

*Vous-vous étes fatiguez, dans la multiplicité de vos voyes, & vous n'avez jamais dit, demeurons en repos.* [Isaie c.57. v.10.]

# XIII

## Du repos devant Dieu

'Ame étant arrivée icy, n'a plus besoin d'autre préparation que de son repos. Car c'est icy que la presence de Dieu durant le jour qui est le grand fruit de l'Oraison ou plutôt la continuation de l'Oraison même, commence d'étre infuse & presque continuelle. L'ame joüit dans son fonds d'un bon-heur inestimable. Elle trouve que Dieu est plus en elle qu'elle-même, elle n'a qu'une seule chose à faire pour le trouver, qui est de s'enfoncer en elle-même. Si tôt qu'elle ferme les yeux elle se trouve prise & mise en Oraison : elle est étonnée d'un si grand bien, & il se fait au dedans d'elle une conversation que l'exterieur

n'interrompt point. L'on peut dire de cette maniere d'Oraison ce qui est dit de la Sagesse : *Que tous biens sont venus avec elle* [Sagesse c.7. v.11.] Car les vertus coulent agreablement en cette ame qui les pratique d'une maniere si aisée, qu'elles semblent luy être naturelles. Elle a un germe de vie & de fecõdité, qui lui donne de la facilité, pour tout ce qui est bon; & de l'insensibilité pour tout ce qui est mauvais : Qu'elle demeure donc fidele eq cet état, & quelle se donne bien de garde de chercher d'autre disposition quelle qu'elle soit, que son simple repos, soit pour la Confession, ou Cõmunion, Action ou Oraison : il n'y a rien à faire qu'à se laisser remplir de cette effusion divine. Je n'entens pas parler des preparations necessaires pour les Sacremens, mais de la plus parfaite disposition intérieure dans-laquelle on puisse les recevoir, qui est celle que je viens de dire.

# XIV

## Du Silence interieur

e *Seigneur est dans son saint Tẽple, que toute la terre demeure en silence devant lui.* [Haba. c.2. v.20.] La raison pour laquelle le silence interieur eſt si necessaire, c'eſt que le Verbe étant la parole éternelle & essentielle, il faut, pour qu'il soit receu dans l'ame, une disposition qui ait quelque rapport à ce qu'il eſt. Or il eſt certain que pour recevoir la parole il faut prêter l'oreille & écouter. L'oüye eſt le sens qui eſt fait pour recevoir la parole qui luy eſt comniquée. L'oüye eſt un sens plus pasif, qu'actif qui reçoit, & ne cõmunique pas. Le Verbe étãt la parole qui doit se

cōmuniquer à l'am & la revivifier, il faut qu'elle soit attentive a ce même Verbe qui veut luy parler au dedans d'elle. C'est pourquoy il y a tant d'endroits qui nous exhortent d'écoûter, Dieu & de nous rendre attentifs à sa voix, l'on en pourroit marquer beaucoup, il se faut contenter de rapporter ceux-cy. *Ecoûtés-moy vous tous qui étes mon Peuple, Nation que j'ay choisie, entendez. ma voix* [Isaïe c.51. v.4.] & dans le [Chapitre 46. vers.3.] *Ecoutez-moy vous tous que je porte dans mon sein, & que je renferme dans mes entrailles*, & dans le [Ps 44. v.10.] *Ecoutez, ma fille, voyés & pretés l'oreille, oubliez la maison de vostre Pere, & le Roy concevra de l'amour pour vostre beauté.* Il faut écouter Dieu & se rendre attentif à lui, s'oublier soy-même, & tout propre interêt : ces deux seules . actions (ou plûtôt passions, car cela est fort passif), attirent l'amour de la beauté que luy-méme communique : le silence exterieur, est tres-necessaire pour cultiver le silence intérieur, & il est impossible de devenir interieur sans aymer le silence & la retraite. Dieu nous le dit par la bouche de son Prophete : *Je la meneray dans la solitude, & là je parleray à son cœur.* [Osée c.2. v.14.] Le moyen d'étre occupé de Dieu interieurement, & de s'occuper exterieurement de mille bagatelles ? cela est impossible. Lors que la foiblesse vous a porté à vous répandre au dehors, il faut faire un petit retour au dedans, auquel il faut étre fidele toutes les fois que l'on est distrait & dissipé. Ce feroit peu de faire Oraison & se recüeillir durant demy heure ou une heure, si l'on ne conservoit pas l'onction & l'esprit d'Oraison durant le jour.

# XV

## De la Confession, & de l'Examen de conscience

'Examen doit toûjours preceder la confession, mais l'examen doit-être conforme à l'état des Ames. Celles qui sont icy doivent s'exposer devant Dieu, qui ne manquera pas de les éclairer, & de leur faire connoître la nature de leurs fautes. Il faut que cet examen se fasse avec paix & tranquillité, attendant plus de Dieu que de nôtre propre recherche la connoissance de nos pechés Lors que nous-nous examinons avec effort nous nous méprenons aisément. Nous croyons *le bien mal, & le mal bien* [Isaïe c.5. v.20.] & l'amour

propre nous trompe facilement. Mais lors que nous demeurons exposez aux yeux de Dieu, ce divin Soleil fait voir jusques aux moindres atomes. Il faut donc se délaisser & abandonner beaucoup à Dieu tant pour l'Examen que pour la Confession. Si tôt que l'on est dans cette maniere d'Oraison, Dieu ne māq; pas de reprédre l'ame de toutes les fautes qu'elle fait. Elle n'a pas plûtôt cõmis un deffaut qu'elle sent un brûlement : qui le lui reproche c'est alors un Examen que Dieu fait, qui ne laisse rien échaper, & l'ame n'a qu'à se tourner simplement vers Dieu, souffrant la peine & la correction qu'il luy fait. Comme cet Examen de la part de Dieu est continuel, l'ame ne peut plus s'examiner elle-même, & si elle est fidelle à s'abandonner à Dieu, elle sera bien mieux examinée par sa lumiere divine, qu'elle ne le pourroit faire par tous les soins, & l'experience le luy fera bien connoître.

Pour la Confession il est necessaire d'estre averty d'une chose qui est, que les Ames qui marchent par cette voye seront souvent, étonnées ; que l'ors qu'elles . s'aprochent du Confessionnal, & qu'elles commenceront à dire leurs pechez, qu'au lieu du regret & d'un acte de contrition qu'elles avoient accoûtumé de faire, un amour doux & tranquille s'empare de leur cœur. Ceux qui ne sont pas instruits veulent se tirer de là pour former un acte de contrition, parce qu'ils ont oüy dire que cela est necessaire, & il est vray : Mais ils ne voyent pas qu'ils, perdent la veritable contrition, qui est cet amour infus, infiniment plus grand, que ce qu'ils pourroient faire par eux mémes : ils ont un acte eminent qui comprend les autres, avec plus de perfection ; quoi qu'ils n'ayent pas ceux cy, comme distins : & multipliés : qu'ils ne se mettent pas en peine de faire autre chose lors que Dieu agit plus excellemment en eux & avec eux. C'est haïr le péché comme Dieu le hait, que de le haïr de cette sorte : c'est l'amour le plus pur que celui que Dieu opere en l'ame. Qu'elle ne s'empresse donc pas d'agir, mais qu'elle demeure telle qu'elle est, suivant le conseil du Sage: *Mettés vostre confiance en Dieu, demeurés en repos dans la place où il vous a mis.* [Ecclesistique c.II. v.22.] Elle s'étonnera aussi qu'elle oubliera ses deffauts; & qu'elle aura peine à s'en souvenir; cependant il ne faut point qu'elle s'en fasse aucune peine, pour deux raisons. La premiere, parce que cet oubly est une marque de la purification de la faute, & que c'est le meilleur en ce degré d'oublier tout ce qui nous concerne, pour ne nous souvenir que de Dieu. La seconde raison est, que Dieu ne manque point, lors qu'il faut se confesser, de faire voit à l'ame ses plus grandes fautes : car alors il fait luy-même son examen, & elle verra qu'elle en viendra mieux about de cette sorte, que par tous ses propres efforts. Cecy ne peut étre pour les degrés precedens, où l'ame étant encore dans l'action se peut & doit servir de son industrie pour toutes choses, plus ou moins selon son avancement. Pour les ames de ce degré, qu'elles s'en tiennent à ce que l'on leur dit, &

qu'ils ne changent point leurs simples occupations. Il en eſt de méme pour la Communion : Qu'ellles laissent agir Dieu, & qu'elles demeurent en silence, Dieu ne peut eſtre mieux receu, que par un Dieu.

# XVI

## De la lecture, & des Prieres vocales

a maniere de lire en ce degré est, que dez que l'on sent un petit recüeillement, il faut cesser & demeurer en repos, lisant peu, & ne continüant pas si-tost que, l'on se sent attiré au dedans. L'ame n'est pas plûtôt apellée au silence interieur, qu'elle ne doit pas se charger de prieres vocales, mais en dire peu, & lors qu'elle les dit, si elle y trouve quelque difficulté, & qu'elle se sente attirée au silence, qu'elle demeure, & qu'elle ne se fasse point d'effort, à moins que les prieres ne fussent d'obligation ; en ce cas il faut les poursuivre, mais si elles ne le sont pas,

qu'elle les laisse si-tôt qu'elle se sent attirée, & qu'elle a peine à les dire : qu'elle ne se géne, & ne se lie point, mais qu'elle se laisse conduire à l'Esprit de Dieu, & elle satisfera alors à toutes les devotions d'une maniere tres eminente.

# XVII

## Des Demandes

L'Ame se trouvera dans un eſtat d'impuiſſance de faire des demandes à Dieu qu'elle feſoit autre fois avec facilité : cela ne la doit point ſurprendre, car *c'est alors que l'esprit demande pour les Saints ce qui est bon, ce qui est parfait, ce qui est conforme à la volonté de Dieu ; l'esprit nous ayde méme dans nos foiblesses, parce que nous ne sçavons pas ce qu'il faut demander, ni le demander comme il faut ; mais l'esprit méme le demande pour nous avec des gemissemens ineffables* [Rom. c.8. v.26.] Je dis plus, qu'il faut seconder les desseins de Dieu, qui eſt de dépoüiller l'ame de ses propres opérations pour substituer les siennes en leur place. Laissez-le donc faire, & ne vous liez à rien par vous-méme, quelque bon qu'il vous paroisse, il n'est pas tel alors pour vous, s'il vous détourne de ce que Dieu veut de vous. Or la volonté de Dieu est preferable à tout autre bien; defaites-vous de vos interests, & vivez d'abandon & de foy. C'est icy que la foy commence d'operer en l'ame excellemment.

# XVIII

## Des Deffauts

i-tost que l'on est tombé en quelque deffaut, ou que l'on s'est égaré ; il faut se tourner au dedans, parce que cette faute ayant détourné de Dieu, l'on doit au plûtôt se tourner vers lui, & souffrir la penitence qu'il impose lui-méme. Il est de grande consequence de ne se point inquieter pour les deffauts, parce que l'inquietude ne vient que d'un orgueil secret, & d'un amour de nostre propre excellence. Nous avons peine à sentir ce que nous sommes : si nous-nous décourageons, nous-nous affoiblissons davantage, & la reflexion que nous faisons sur nos fautes,

produit un chagrin qui est pire que la faute même. Une ame veritablement humble, ne s'étonne point de ses foiblesses, & plus elle se voit miserable, plus elle s'abandonne à Dieu, & tache de se tenir auprès de luy, voyant le besoin qu'elle a de son secours. Nous devons d'autant plus tenir cette conduite que Dieu nous dit luy-même, *Je vous feray entendre tout ce que vous devez faire. Je vous enseigneray le chemin par lequel vous devez marcher, & j'auray sans cesse l'œil sur vous pour vous conduire* [Ps. 31. v.8.]

# XIX

## Des Distractions, & tentations

Dans les distractions ou tentations, au lieu de les combattre directement, ce qui ne feroit que les augmenter, & tirer l'ame de son adherance à Dieu, qui doit faire toute son occupation ; elle doit en détourner simplement sa veuë, & s'approcher de plus en plus de Dieu, comme un petit enfant qui voyant un monstre ne s'amuse pas à le combatre, ni même à le regarder, mais s'enfonce doucement dans le sein de sa mere, où il se trouve en assurance. *Dieu est au milieu d'elle, elle ne le sera point ébranlée, il la secourera dez le point du jour* [Ps 45. v.6.] Faisant autrement, comme nous sommes foibles, pensant attaquer nos ennemis, nous-nous trouvons souvent blessez, si nous ne nous trouvons pas entierement défaits ; mais demeurant dans la simple presence de Dieu, nous-nous trouvons tout à coup fortifiez : c'estoit la conduite de David, *J'ay* (dit-il) *le Seigneur toûjours present devant moy, & je ne seray point ébranlé ; c'est pour cela que mon cœur est dans la joye, & que ma chair reposera méme en assurance.* [Ps 15. v.8.] Il est dit-dans l'Exode [chap. 14. v.14.] *Le Seigneur combatra pour vous, & vous-vous tiendrez en repos.*

# XX

## De la Priere

a Priere doit eſtre, & Oraison, & Sacrifice. L'Oraison selon le témoignage de Saint Jean, eſt un encens dont la fumée monte à Dieu ; c'eſt pourquoy il eſt dit dans l'Apocaypse que *l'Ange tenoit un Encensoir, où estoit le parfun des Prieres des Saints.* [c.8. v.3.] La priere eſt une effusion du cœur en la presence de Dieu. *J'ay répandu mon cœur en la presence du Seigneur, disoit la mere de Samuël.* [1 Samuel c.1. v.15.] C'eſt pourquoi la priere des Rois Mages aux pieds de Jesus enfant dans l'étable de Bethleem, fut signifiée par l'encens qu'ils offrirent. La priere n'eſt

autre chose qu'une chaleur d'amour qui fond & dissout l'ame, la subtilise & la fait monter jusques à Dieu, a mesure quelle se fond, elle rend son odeur, & cette odeur vient de la charité qui la brûle. C'est ce que l'Epouse exprimoit quand elle disoit, *lors que mon Bien-aimé étoit dans sa couche mon nard a donné son odeur.* [Cant. c.1. v.12.] La couche est le fonds de l'ame : lors que Dieu est là, & que l'on sçait demeurer auprés de lui, & se tenir en sa presence, cette presence de Dieu fait fondre & dissoudre peu à peu la dureté de cette ame, & en se fondant elle rend son odeur : c'est pourquoy l'époux voyant que son épouse *s'étoit fondüe de la sorte, si-tost que son Bien-aimé eut parlé,* lui dit. *Qui est celle qui monte du desert, comme une petite fumée de parfun.* [Cant. c.5. v.6. & c.3. v.6.]

Cette ame monte de la sorte à son Dieu. Mais pour cela il faut qu'elle se laisse détruire, & aneantir par la force de l'amour : c'est un estat de sacrifice essentiel à la Religion Chres-

XX – De la Priere

tienne, par laquelle l'ame se laisse détruire & aneantir pour rendre hommage à la souveraineté de Dieu ; comme il est écrit. *Il n'y a que Dieu seul de grand, & il n'est honoré que des humbles.* [Ecclesiastique c.3. v.21.] Et la destruction de nôtre étre confesse, le souverain étre de Dieu : il faut cesser d'étre afin que l'esprit du Verbe soit en nous. Or pour qu'il y vienne il faut luy ceder nôtre vie, & mourir à nous, afin qu'il vive lui même en nous.

Jesus-Christ dans le S. Sacrement de l'Autel, est le modele de l'estat mystique : si tost qu'il y vient par la parole du Prestre, il faut que la substance du pain luy cede la place, & qu'il n'en reste que les simples accidens : de méme il faut que nous cédions nostre étre, à celuy de Jesus-Christ, & que nous cessions de vivre, afin qu'il vive en nous, & *qu'étans morts, nostre vie se trouve, cachée avec lui en Dieu.* [Coloss. c.3. v.3.] *Passez en moy* (dit Dieu) *vous tous, qui me desirez avec ardeur.* [Ecclesiastique c.24. v.26.] Comment passer en Dieu ? Cela ne se peut faire qu'en sortant de nous mémes, pour nous perdre en luy : or cela ne s'executera jamais, que par l'aneantissement, qui est la véritable priere, laquelle rend à Dieu *l'honneur & la gloire, & la puissance, dans les siecles des siecles.* [Apoc. c.5. v.13.] Cette priere est la priere de vérité. *C'est adorer le Pere en esprit, & en vérité.* [Jean c.4. v.23.] En esprit, parce que nous sommes tirez par là de nostre maniere d'agir humaine & charnelle, pour entrer dans la pureté de l'esprit qui prie en nous. Et en vérité, parce que l'ame est mise par-là dans la vérité du Tout de Dieu, & du neant de la Creature. Il n'y a que ces deux veritez, le Tout & le Rien. Tout le reste est mensonge : nous ne pouvons, honorer le Tout de Dieu, que par nostre anneantissement ; & nous ne sommes pas plûtost anneantis, que Dieu, qui ne souffre point de vuide sans le remplir : nous remplit de luy-méme.

O si l'on sçavoit les biens qui reviennent à l'ame de cette Oraison, l'on ne voudroit faire autre chose ! *C'est la perle precieuse : c'est le tre-*

*sor caché.* [Matth. c.13. v.45. & 44.] Celui qui le trouve vent de bon cœur tout ce qu'il possede pour l'acheter. *C'est le Fleuve d'eau vive, qui doit réjaillir jusqu'à la vie eternelle. C'est adorer Dieu en esprit & en verité.* [Jean c.4. v.14. & 23.] C'est pratiquer les plus pures maximes de l'Evangile. Jesus-Christ ne nous asseure-t'il pas *que le Royaume de Dieu est au dedans de nous ?* [Luc c.17. v.21.] Ce Royaume s'entend en deux manieres. La premiere, est lors que Dieu est si fort Maistre de nous, que rien ne luy resiste plus : alors nostre interieur est vraiment son Royaume. L'autre maniere est, que possedant Dieu, qui est le Bien souverain, nous possedons le Royaume de Dieu, qui est le comble de la felicité, & la fin pour laquelle nous avons eté creés, ainsi qu'il est dit, *servir à Dieu, c'est regner.* La fin pour laquelle nous avons eté creés, est pour joüir de Dieu dés cette vie, & l'on n'y pense pas.

# XXI

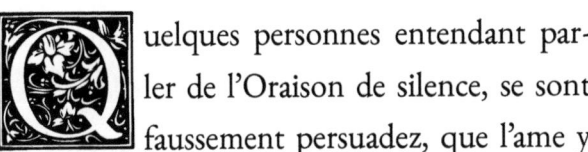

## Que l'on agit plus fortement, & plus, noblement par cette Oraison, que par toute autre

Quelques personnes entendant parler de l'Oraison de silence, se sont faussement persuadez, que l'ame y demeure stupide, morte, & sans action : mais il est certain qu'elle y agit plus noblement, & avec plus d'étenduë, qu'elle ne fit jamais jusques à ce degré ; puis qu'elle est muë de Dieu même, & qu'elle agit par son esprit. S. Paul veut que nous-nous laissions mouvoir par l'esprit de Dieu. L'on ne dit pas qu'il ne faut point agir ;

mais qu'il faut agir par dépendance du mouvement de la grace. Cecy est admirablement figuré en Ezechiel [c.1. v.1. & 20.] Ce Prophete voyoit (dit-il) *Des roües qui avoient l'esprit de vie, & elles ailloient où cet esprit les conduisoit ; elles s'élevoient, ou s'abaissoient, selon qu'elles étoient mües, car l'esprit de vie estoit en elles ; mais elles ne reculoient jamais.* L'ame doit estre de la sorte ; elle doit se laisser mouvoir, & porter par l'esprit vivifiant, qui est en elle, suivant le mouvement de son action, & n'en suivant point d'autre. Or ce mouvement ne la porte jamais à reculer ; c'est à dire, à reflechir sur la Creature, ni à se recourber contre elle-même ; mais à aller toûjours devant-elle, avançant incessamment vers sa fin. Cette action de l'ame, est une action pleine de repos : lors qu'elle agit par elle-méme, elle agit avec effort ; c'est pourquoy elle distingue mieux alors son action : mais lors qu'elle agit parr dependance de l'esprit de la grace, son action est si libre, si aisée, si naturelle, qu'il semble qu'elle n'agisse pas. *Il m'a mis au large, & il m'a sauvé, parce qu'il m'a aymè.* [Ps. 17. v.20.]

Si-tost que l'ame est en pente centrale ; c'est à dire retournée au dedans d'elle-même par le recüeillement, dez ce moment elle est dans une action tres forte, qui est une course de l'ame vers son centre qui l'attire, & qui surpasse infiniment la vitesse de toutes les autres actions : rien n'égalant la vitesse de la pente centrale. C'est donc une action, mais une action si Noble, si paisible, si tranquille, qu'il semble à l'ame qu'elle n'agit pas ; parce qu'elle agit comme naturellement. Lors qu'une roüe n'est que médiocrement agitée, l'on la distingue bien, mais lors qu'elle va avec une grande vitesse, l'on ne distingue plus rien en elle. De méme l'ame qui demeure en repos auprez de Dieu, a une action infiniment noble, & relevée ; mais une action tres-paisible : plus elle est en paix, plus elle court avec vitesse parce qu'elle s'abandonne à l'esprit qui la meut & la fait agir. Cet esprit n'est autre que Dieu, qui nous attire,

& en nous attirant nous fait courir à luy, comme le sçavoit bien la Divine Amante, lors qu'elle disoit : *Tirez-moy, & nous courrons.* [Cant. c.1. v.3.] Tirez-moy, ô mon Divin Centre, par le plus profond de moy-même, les puissances & les sens courront à vous par cet attrait ! Ce seul attrait est un onguent qui guerit & un parfun qui attire ; *Nous courrons* (dit-elle) *à l'odeur de vos parfuns* ; c'est une vertu attirante tres-forte, mais une vertu que l'ame suit tres-librement, & qui étant également forte & douce, attire par sa force, & enleve par sa douceur. L'Epouse dit : *Tirez-moy & nous courrons.* Elle parle d'elle, & à elle ; *Tirez-moy*, voila l'unité du centre qui est attiré ; *Nous courrons*, voila la correspondance, & la course de toutes les puissances des sens, qui suivent l'attrait du fonds de l'ame.

Il n'est donc point question de demeurer oisif, mais d'agir avec dependance de l'esprit de Dieu, qui nous doit animer ; puisque c'est *en luy, & par luy que nous vivons, que nous agis-*

*sons & que nous sommes.* [Act. c.17. v.28.] cette douce dependance de l'esprit de Dieu est absolument necessaire, & fait que l'ame en peu de tems parvient à la simplicité & unité, dans laquelle elle a été creée. Elle a esté creée une, & simple comme Dieu, pour parvenir à la fin de sa creation. Il faut donc quitter la multiplicité de nos actions, pour entrer dans la simplicité, & unité de Dieu ; *à l'image duquel nous avons esté creés.* [Gen. c.1. v.27.] *l'esprit de Dieu est unique, & multiplié.* [Sagesse c.7. v.22.]. & son unité n'empeche point sa multiplicité : nous entrons dans son unité, lors que nous sommes unis à son esprit, comme ayant par là même, un même esprit avec luy : & nous sommes multipliez au dehors, dans ce qui regarde ses volontez, sans sortir de l'unité ; De sorte que Dieu agissant infiniment, & nous laissant mouvoir, par l'esprit de Dieu ; nous agissons beaucoup plus, que par nostre propre action.

Il faut nous laisser conduire par la Sagesse : *cette Sagesse est plus active, que les choses les plus agissantes.* [Sagesse c.7. v.24.] demeurons donc dans la dependance de son action, & nous agirons tres-fortement. *Tout a été fait par le Verbe, & rien n'a esté fait sans luy.* [Jean c.1. v.3.] Dieu en nous creant nous a creés à son image & ressemblance : il nous inspire l'esprit. du Verbe, par *ce souffle de Vie* [Gen. c.2. v.7.] qu'il nous donna, lorsque nous fumes créez à l'Image de Dieu par la participation de cette vie du Verbe, qui est l'Image de son Pere : or cette vie est une simple, pure, intime, & toûjours feconde. Le Demon par le peché ayant gâté, & défiguré cette belle Image, il a falu que ce méme Verbe, dont l'esprit nous avoit été inspiré en nous créant, vint la reparer : il faloit que ce fût luy ; parce qu'il est l'image de son Pere, & que l'image ne se repare pas en agissant, mais en souffrant l'action de celui qui la veut reparer.

Nôtre action doit donc estre, de nous mettre en estàt de souffrir l'action de Dieu, & de donner lieu au Verbe, de retracer en nous son image. Une Image qui se remuëroit, empécheroit le Peintre de contretirer un tableau sur elle. Tous les mouvemens que nous faisons par noſtre propre esprit, empéchent cet admirable Peintre de travailler, & font faire de faux traits. Il faut donc demeurer en paix, & ne nous mouvoir que lors qu'il nous meut, *Jesus-Christ a la vie en luy-méme.* [Jean c.5. v.26.] Et il doit communiquer la vie à tout ce qui doit vivre: c'eſt l'esprit de l'Eglise que l'esprit de la motion divine. L'Eglise eſt-elle oisive, ſterile, & infeconde ? Elle agit mais elle agit par la dépendence de l'esprit de Dieu, qui la meut, & la gouverne : or l'esprit de l'Eglise ne doit point eſtre autre dans ses membres, qu'il eſt dans elle-méme. Il faut donc que ses membres, pour eſtre dans l'Esprit ds l'Eglise, soient dans l'esprit de la motion divine.

Que cette action soit plus noble, c'eſt une chose inconteſtable. Il eſt certain que les choses n'ont de valeur qu'autant que le principe d'où elles partent eſt noble, grand, & relevé. Les actions faites par un principe divin, sont des actions divines ; au lieu que les actions de la creature, quelques bonnes qu'elles paroissent, sont des actions humaines, ou tout au plus vertueuses ; lorsqu'elles sont faites avec la grace, Jesus-Christ dit, qu'il à la vie en luy-même : tous les autres étres n'ont qu'une vie empruntée ; mais le Verbe a la vie en luy, & comm'il est commumicatif de sa nature, il desire de la communiquer aux hommes : il faut donc donner lieu à cette vie de s'écouler en nous, ce qui ne se peut faire, que par l'évacuation, & la perte de la vie d'Adam, & de nostre propre action ; comme l'assure Saint Paul. *Si quelqu'un donc est en Jesus-Christ, il est une nouvelle creature, tout ce qui estoit de l'ancienne est passé, tout est rendu nouveau.* [2 Corinth. c.5. v.17.] Cela ne se peut faire, que par la mort de nous-mêmes, & de nostre propre action, afin que l'action de Dieu soit substituée en sa place.

L'on ne pretend donc pas de ne point agir, mais seulement d'agir par la dependance de l'esprit de Dieu, pour donner lieu à son action de prendre la place de celle de la creature ; ce qui ne se fait que par le consentement de la creature, & la creature ne donne ce consentement, qu'en moderant son action, pour donner lieu peu à peu, à l'action de Dieu de prendre la place, Jesus-Christ nous fair voir dans l'Evangile cette conduite. Marthe faisoit de bonnes choses ; mais parce quelle les faisoit par son propre esprit, Jesus-Christ l'en reprit : l'esprit de l'homme est turbulant, & inquiet ; c'est pourquoy il fait peu ; quoy qu'il paroisse faire beaucoup. *Marthe* (dit Jesus Christ) *vous vous inquietés, & vous tourmentés de beaucoup de choses, mais enfin une seule chose est necessaire, Marie a choisi la meilleure part, qui ne lui sera point otée.* [Luc c.10. c.41, 42.] Qu'a-telle choisi Madeleine ? la paix, la tranquilité, &, le repos : elle cesse d'agir en aparence, pour se laisser mouvoir par l'esprit de Jesus-Christ ; elle cesse de vivre, afin que Jesus-Christ ; vive en elle ; c'est pourquoy il est si necessaire de renoncer à soi-même, & à ses opérations propres, pour suivre Jesus-Christ : car nous ne pouvons point suivre Jesus-Christ, que nous ne soyons animés de son esprit : or afin que l'esprit de Jesus-Christ vienne en nous, il faut que le nostre luy cede la place. *Quiconque s'attache au Seigneur* (dit S. Paul) *devient un même esprit avec lui.* [1 Cor. c.6. v.17.] *Et David disoit, qu'il luy étoit bon de s'attacher à Dieu, & de mettre en lui toute son esperance.* [Ps 72. v.28.] Qu'est-ce que cet attachement ? c'est un commencement d'union.

L'union commence, continuë, s'acheve, & se consomme. Le commencement de l'union est une pente vers Dieu. Lors que l'ame est tournée au dedans d'elle en la maniere qu'il a esté dit, elle est en pente centrale, & elle a une tendance forte à l'union ; cette tendance est le commencement. En suite elle adhere, ce qui se fait lors qu'elle aproche plus prés de Dieu ; puis elle lui est unie, & en suite elle devient une, ce qui est devenir un même esprit avec lui : & c'est alors que cet esprit sorti de Dieu retourne dans sa fin.

Il faut donc necessairement entrer dans cette voye, qui est la motion divine, & l'esprit de Jesus-Christ. S. Paul dit, *que personne n'est à Jesus-Christ, s'il n'a son esprit.* [Rom. c.8. v.9.] Pour étre donc à Jesus-Christ, il faut nous laisser remplir de son esprit, & nous vuider du nôtre : il faut qu'il soit évacué. S. Paul dans le même endroit nous prouve la necessité de cette motion divine. *Tous ceux* (dit-il) *qui sont poussez, par l'esprit de Dieu, sont enfans de Dieu.* [Rom. c.8. v.14.] L'esprit de la filiation divine, est donc l'esprit de la motion divine : c'est pourquoy le même Apôtre continuë ; *L'esprit que vous avez receu, n'est point un esprit de servitude, qui vous fasse vivre dans la crainte ; mais c'est l'esprit des enfans de Dieu, par lequel nous crions : Abba, nôtre Pere.* C'et esprit n'est autre, que l'esprit de Jesus-Christ, par lequel nous participons a la filiation, *& cet esprit rend luy-même témoignage au nostre, que nous* *sommes enfans de Dieu.* [Rom. c.8. v.16.] Sitôt que l'ame se laisse mouvoir à l'esprit de Dieu, elle éprouve en elle le témoignage de cette filiation divine, & c'est ce témoignage qui la comble d'autant plus de joye, qu'il luy fait mieux connoistre *qu'elle est apellée à la liberté des enfans de Dieu & que l'esprit qu'elle a receu, n'est, point un esprit de servitude, mais de liberté.* L'ame sent alors qu'elle agit librement, & suavement : quoyque fortement, & infailliblement.

L'esprit de la motion divine est si necessaire pour toutes choses, que S. Paul dans le même endroit fonde cette necessité, sur nostre ignorance dans les choses que nous demandons. L'esprit (dit-il) nous ayde dans nos foiblesses ; car nous ne sçavons pas ce qu'il faut demander, ni le demander comm'il faut : mais l'esprit même le demande pour nous, avec des gemissemens ineffables. Ceci est positif, si nous ne sçavons pas ce qu'il nous faut, ni même demander comm'il faut ce qui nous est necessaire, & s'il faut que l'esprit qui est en nous, à la motion duquel nous nous abandonnons le demande pour nous ; ne devons nous pas le laisser faire ? Il le fait avec des gemissemens ineffables. Cet esprit est l'esprit du Verbe, qui est toûjours exaucé, comm'il le dit lui-même. *Je sçay que vous m'exaucez toûjours.* [Jean c.11. v.42.] Si nous laissions demander, & prier cet esprit en nous, nous serions toûjours exaucez. Et pour quoy cela ? aprenez-le nous, grand Apôtre, Docteur Mystique, & maître de l'intérieur. C'est (ajoûte S. Paul) *que celui qui sonde les cœurs connoît ce que l'esprit desire, parce, qu'il demande selon Dieu pour les Saints.* [Rom. c.8. v.27.] C'est à dire que cet esprit ne demande que ce qui est conforme à la volonté de Dieu. La volonté de Dieu est que nous soyons sauvez, & que nous soyons parfaits : il demande donc ce qui est necessaire pour nostre perfection.

Pourquoi apres cela nous accabler de soins superflus ? & nous fatiguer dans la multiplicité de nos voyes, sans jamais dire : Demeurons en repos ? Dieu nous invite luy méme a nous reposer sur luy de toutes nos inquietudes, & il se plaint en Isaïe avec une bonté inconcevable, de ce que l'on employe la force de l'ame, ses richesses, & son tresor, dans mille choses exterieures ; vû qu'il y a si peu à faire pour joüir des biens que nous pretendons. *Pourquoy* (dit Dieu) *employez vous vôtre argent, à ce qui ne peut vous nourri, & vos travaux à ce qui ne peut vous rassasier ? écoutez-moy avec attention, nourrissez-vous de la bonne nourriture que je vous donne & voſtre ame en estant engraissée, sera dans la joye.* [Isaïe c.55. v.2.]

O si l'on connoissoit le bon-heur qu'il y a d'écouter Dieu de la sorte, & combien l'ame en est fortifiée ! *Il faut que toute chair se taise en la presence du Seigneur.* [Zac. c.2. v.13.] Il faut que tout cesse si-toſt qu'il paroit. Dieu pour nous obliger encore à nous abandonner sans reserve, nous asseure dans le même Isaïe, que nous ne devons rien craindre en nous abandonnant, parce qu'il prend un soin de nous tout particulier. *Une mere peut-elle oublier son enfant* (dit Dieu) *& n'avoir point de compassion du Fils quelle à porté dans ses entrailles ? mais quand même elle l'oublieroit, pour moi je ne vous oublierait.* [Isaie c.49. v.15.] O paroles pleines de consolation ! Qui craindra après cela de s'abandonner à la conduite de Dieu ?

# XXII

## Des actes interieurs

es actes de l'homme sont, ou exterieurs, ou intérieurs. Les exterieurs sont ceux qui paroissent au dehors, a l'égard de quelque objet sensible ; & qui n'ont autre bonté, ni malice morale, que celle qu'ils reçoivent du principe interieur, dont-ils partent. Ce n'est point de ceux-là que j'entens parler : mais seulement des actes interieurs, qui sont des actions de l'ame, par lesqu'elles elle s'applique interieurement a quelques objets, ou se détourne aussi de quelques autres. Lors qu'étant appliqué à Dieu, je veux faire une acte d'autre nature, je me détourne de Dieu, & je

me tourne vers les choses creées plus ou moins, selon que mon acte est plus ou moins fort : si étant tourné vers la creature, je veux retourner à Dieu, il faut que je fasse un acte pour me détourner de cette creature, & me tourner vers Dieu : & ainsi plus l'acte est parfait, plus la conversion est entiere. Jusqu'à ce que je sois parfaitement converti, j'ay besoin de plusieurs actes, pour me tourner vers Dieu ; les uns le font tout d'un coup, les autres le font peu à peu ; mais mon acte me doit porter à me tourner vers Dieu, employant toute la force de mon ame pour luy, suivant le conseil de l'Ecclesiastique : *Reünissez tous les mouvemens de vostre cœur dans la sainteté de Dieu.* [Ecclesiastique c.30. v.24.] & comme faisoit David, *je conserverai toute ma force pour vous.* [Ps 58. v.10.] ce qui se fait en rentrant fortement en soy-méme, comme dit l'Ecriture : *Retournez à vôtre cœur* : car nous sommes écartez de nostre cœur par le peché ; aussi Dieu ne demande-t'il que nostre cœur. *Mon fils donnez moy vostre cœur, & que vos yeux soient toûjours attachés à mes voyes.* [Prov. c.23. v.26.] donner son coeur à Dieu, c'est avoir toûjours la veuë, la force, & la vigueur de l'ame attachée à luy, afin de suivre ses volontez ; il faut donc demeurer ainsi tourné vers Dieu, si-tost que l'on y est appliqué.

Mais comme l'esprit de l'homme est leger, & que l'ame estant accoûtumée a étre tournée au dehors, elle se dissipe aisément, & se détourne, si-tôt qu'elle s'aperçoit ; qu'elle s'est détournée dans les choses du dehors ; il faut que par un acte simple, qui est un retour vers Dieu, elle se remette en luy ; puis son acte subsiste, tant que sa conversion dure, à force de se retourner vers Dieu, par un retour simple & sincere. Et comme plusieurs actes reïterez font une habitude, l'ame. contracte l'habitude de la conversion, & d'un acte qui devient comme habituel dans la suite.

L'ame ne doit pas se mettre alors en peine de chercher cet acte, pour le former parce qu'il subsiste, & même elle ne le peut, sans y trouver une tres-grande difficulré : elle trouve méme qu'elle se tire de son état, sous pretexte de le chercher, ce qu'elle ne doit jamais faire, puis qu'il subsiste en habitude, & qu'alors elle est dans une conversion, & dans un amour habituel. On cherche un acte, par d'autres actes : au lieu de se tenir attaché par un acte simple à Dieu seul.

L'on remarquera que l'on aura quelques fois facilité à faire distinctement de tels actes, mais simplement : c'est une marque que l'on s'estoit détourné, & que l'on rentre dans son cœur aprés qu'on s'en étoit écarté : mais que l'on y demeure en repos, dés que l'on y est entré. Lors donc que l'on croit, qu'il ne faut point faire d'actes, l'on se méprend, car l'on fait toûjours des actes : mais châcun les doit faire conformement à son degré.

Pour bien éclaircir cet endroit, qui fait la difficulté de la plus part, des spirituels, faute de le comprendre, il faut sçavoir qu'il y a des. actes passagers & distincts, & des actes continués ;

des actes directs, & des actes reflechis. Tous ne peuvent point faire les premiers, & tous ne sont pas en état de faire les autres : les premiers actes se doivent faire par les personnes qui sont détournées ; ils doivent se tourner par une action qui se distingue, & qui soit plus ou moins forte ; selon que le détour étoit plus ou moins éloigné, de sorte, que lors que le détour est leger, un acte des plus simples suffit. J'appelle l'acte continué celui par lequel l'ame est toute tournée vers son Dieu, par un acte direct, qu'elle ne renouvelle pas, à moins qu'il ne fût interrompu ; mais qui subsiste : l'ame étant, dis-je, tournée de la sorte, est dans la charité, & elle y demeure ; *Et qui demeure dans la charité, demeure en Dieu.* [1 Jean c.4. v.16.] Alors l'ame est comme dans une habitude de l'acte, se reposant : dans ce même acte ; mais son repos n'est pas oysif, car alors il y a un acte toûjours subsistant, qui est un doux enfoncement en Dieu, où Dieu l'attire toûjours plus fortement, & elle suivant cet attrait si fort, & demeurant dans son amour, & dans sa charité, s'enfonce toûjours plus dans ce méme amour, & elle a une action infiniment plus forte, plus vigoureuse, & plus prompte, que l'acte qui ne sert qu'à former le -retour.

Or l'ame qui est dans cet acte profond & forr, étant toute tournée vers son Dieu, ne s'apperçoit point de cet acte, parce qu'il est direct & non reflechi, ce qui fait que cette personne ne s'expliquant pas bien dit quelle ne fait point d'acte : mais elle se trompe, elle n'en fit jamais de meilleurs, ni de plus agsissans. Qu'elle dise plutôt : Je ne distingue plus d'actes : & non pas : Je ne fais point d'actes, elle ne les fait point par elle-même, j'en conviens, mais elle est tirée, & elle suit ce qui l'attire. L'amour est le poids qui l'enfonce, comme une personne qui tombe dans la mer, s'enfonce, & s'enfonceroit à l'infiny, si la mer étoit infinie : & sans s'apercevoir de cet enfoncement, elle descendroit dans le plus profond, d'une vitesse incroyable.

C'est dont parler improprement, que de dire, que l'on ne fait point d'actes : tous font des actes, mais tous ne les font pas de la méme maniere & l'abus vient, que tous ceux qui sçavẽt qu'il faut faire des actes, voudroient les faire distints & sensibles : cela ne se peut, les sensibles sont pour les commencans, & les autres sont pour les ames avancées. S'arrester aux premiers actes, qui sont foibles, & avancent peu ; c'est se priver des derniers : de même que, vouloir faire les derniers, avant que d'avoir passé par les premiers, seroit un autre abus.

Il faut que toutes choses se fassent en leur tems : châque état a son commencement, son progrés, & sa fin : si l'on veut toûjours s'arrester au commencement, c'est trop se méprendre. Il n'y a point d'Art qui n'ait son progrez ; au commencement il faut travailler avec effort, mais ensuite il faut joüir du fruit de son travail. Lors que le Vaisseau est au Port, les Mariniers ont peine à l'arracher de là pour le mettre en pleine mer mais en suite ils le tournent aisément du costé qu'ils veulent aller. De méme lors, que l'ame est encore dans le péché, & dans les créatures, il faut avec bien des efforts la tirer de là, il faut défaire les cordages qui la tiennent liée ; puis travaillant par le moyen des actes forts, & vigoureux, tâcher de l'attirer au dedans, l'éloignant peu à peu de son propre Port, & en l'éloignant de là, on la tourne au dedans, qui est le lieu, où l'on desire voyager.

Lors que le Vaisseau est tourne de la sorte, à mesure qu'il avance dans la mer, il s'éloigne plus de la terre ; & plus il s'éloigne de la terre, moins il faut d'effort pour l'attirer. Enfin l'on commence à voguer tres-doucement & le Vaisseau s'éloigne si fort, qu'il faut quitter la rame, qui est renduë inutile. Que fait alors le Pilote ? Il se contente d'étendre les voiles & de tenir le gouvernail. Etendre les voiles, c'est faire l'Oraison de simple exposition devant Dieu, pour estre meû par son esprit. Tenir le gouvernail, c'est empécher nostre cœur de s'égarer du droit chemin, le ramenant doucement, & le conduisant selon le mouvement de l'esprit de Dieu, qui s'empare peu à peu de ce cœur, côme le vent vient peu à peu enfler les voiles, & pousser le Vaisseau. Tant que le Vaisseau a le vent en poupe, le Pilote, & les Mariniers se reposent de leur travail. Quelle démarche ne font-ils pas sans se fatiguer ? Ils font plus de chemin en une heure, en se reposant de la sorte, & en laissant conduire le Vaisseau au vent, qu'ils n'en feroient en bien du tems, par tous leurs premiers efforts : & s'il vouloient alors ramer, outre qu'ils se fatigueroient beaucoup, leur travail seroit inutile, & ils retarderoient le Vaisseau.

C'est la conduite que nous devons tenir dans nôtre interieur, & en agissant de cette maniere nous avançerons plus en peu de tems, par la motion divine, qu'en toute autre maniere par beaucoup de propres efforts. Si l'on vouloit prendre cette voye, l'on la trouveroit la plus aisée du monde. Lors que l'on a le vent contraire, si le vent, & la tempête est forte, il faut jetter l'ancre dans la mer, pour arrester le Vaisseau.

Cet ancre n'est autre chose que la confiance en Dieu, & l'esperance en sa bonté, attendant en patience le calme & la bonace, & que le vent favorable retourne, comme faisoit David. *J'ay attendu* (dit-il) *le Seigneur avec grande patience, & il s'est enfin abaissé jusqu'à moy.* [Ps 39. v.1.] il faut donc s'abandonner à l'esprit de Dieu & se laisser conduire par ses mouvemens.

# XXIII

## Avertissement aux Pasteurs, & aux Predicateurs

i tous ceux qui travaillent à la conqueste des Ames, tâchoient de les gagner par le cœur, les mettant d'abord en Oraison, & en vie interieure ; ils feroient des conversions infinies, & durables : mais tant que l'on ne s'y prend que par le dehors, & qu'au lieu d'attirer les Ames à Jesus-Christ, par l'occupation du cœur en luy, l'on les. Charge seulement de mille preceptes, pour les exercices exterieurs ; il ne se fait que tres-peu de fruit, & il ne dure pas.

Si les Curez de la campagne avoient le zele d'instruire de cette sorte leurs Parroissiens, les Bergers en gardant leurs troupeaux, auroient l'esprit des Anciens Anachoretes, & les Laboureurs en conduisant le soc de leur charruë, s'entretiendroient heureusement avec Dieu : les Manœuvres qui se consument de travail, en recüeilleroient des fruits eternels : tous les vices, seroient bannis en peu de tems, & tous leurs Parroissiens deviendroient spirituels.

Ha quand le cœur est gagné tout le reste se corrige aisements ! C'est pourquoy Dieu demande principalement le cœur, on retrancheroit par ce seul moyen les ivrogneries, les blasphemes, les impudicitez, les inimitiez, les larcins, qui regnent ordinairement parmi les Gens de la campagne : Jesus-Christ regneroit paisiblement par tout, & la face de l'Eglise se renouvelleroit en tout lieu. Les Heresies sont entrées dans le Monde par la perte de l'interieur, si l'intérieur estoit retably, elles seroient bien-tôt ruinées. L'erreur ne s'empare des Ames que par le manquement de foi, & de priere : si l'on aprenoit à nos freres égarés à croire simplement, & à faire Oraison, au lieu de disputer beaucoup avec eux, on les rameneroit doucement à Dieu.

O pertes inestimables, que celles qui se font en negligeant l'interieur ! O quel comte les personnes qui sont chargées des ames n'auront-ils pas à rendre à Dieu, pour n'avoir pas découvert ce tresor caché, a tous ceux qu'ils servent, par le ministere de la parole ! L'on s'excuse sur ce que l'on dit, qu'il y a du danger dans ce chemin, ou que les gens simples sont incapables des choses de l'esprit. L'Oracle de la verité nous asseure du contraire : *Le Seigneur* (dit-il) *met son affection en ceux qui marchent simplement.* [Prov. c.11. v.20.] Mais quel danger peut'il y avoir à marcher dans l'unique voye, qui est Jesus-Christ, se donnant à luy, le regardant sans, cesse, mettant toute sa confiance en sa grâce, & tendant de toutes nos forces à son plus pur amour ? loin que les simples soient incapables de cette perfection, ils y sont mémes plus propres ; parce qu'ils sont plus dociles, plus humbles, & plus innocens, & que ne raisonnant pas, ils ne sont pas tant attachez à leurs propres lumieres. Etant de plus sans science ils se laissent mouvoir plus aisément à l'Esprit de Dieu, au lieu que les autres qui sont génez & aveuglez par leur propre suffisance, resistent beaucoup plus à l'inspiration divine. Aussi Dieu nous declare t'il, que *c'est aux petits qu'il donne l'intelligence de sa Loy* [Ps. 118. v.130.] Il nous asseure encore qu'il aime à converser familierement avec les simples. *Le Seigneur garde les simples : j'étois rreduit à l'extremité, & il m'a sauvé.* [Ps. 114 v.6.] Que les peres des ames prenent garde de ne pas empécher les petits enfans d'aller à Jesus-Christ. *Laissez venir* (dit-il a ses Apôtres) *ces petits enfans, car c'est à eux qu'appartient le Royaume des Cieux.* [Matth. c.19. v.14.] Jesus-Christ ne dit cela à ses Apôtres, que parce qu'ils vouloient empécher les enfans d'aller à luy. Souvent l'on aplique le remede au cors, & le mal est au cœur.

La cause pour laquelle l'on reüssit si peu a reformer les hommes, sur tout les gens de travail, c'est que l'on s'y prend par le dehors ; & que tout ce que l'on y peut faire passe aussi-tôt. Mais si l'on leur donnoit d'abord la clef de l'interieur, le dehors se reformeroit en suite, avec une facilité toute naturelle Or cela est tres-aisé : leur aprendre à chercher Dieu dans leur cœur, à penser à luy, à y retourner, s'en trouvant distraits, à tout faire, & tout souffrir à dessein de luy plaire ; c'est les apliquer à la source de toutes les graces ; & leur y faire trouver tout ce qui est necessaire pour leur sanctification.

Vous étes conjurez, O vous tous qui servez les ames, de les mettre d'abord dans cette voye, qui est Jesus-Christ ! & c'est lui qui vous en conjure par tout le sang qu'il a répandu pour ces ame qu'il vous a confiées. *Parlez au cœur de Jérusalem.* [Isaïe c.40. v.2.] O Dispensateurs de ses graces ! O Prédicateurs de sa parole ! O

Ministres de ses Sacremens ! établissés son Royaume, & pour l'établir veritablement, faites le regner sur les cœurs ! Car comme c'est le cœur seul, qui peut s'opposer à son empire, c'est par l'assujetissement du cœur, que l'on honore le plus sa souveraineté. *Rendez gloire à la sainteté de Dieu, & il deviendra vôtre Sanctification.* [Isaïe c.8. v.13.] Faites des Catéchismes particuliers, pour enseigner à faire Oraison, non par raisonnement, ni par methode (les gens simples n'en estant pas capables) mais une Oraison de cœur, & non de tête ; une Oraison de l'esprit de Dieu, & non de l'invention de l'homme.

Hélas ! l'on veut faire des Oraisons étudiées, & pour les vouloir trop ajuster, on les rend impossibles. L'on a écarté les enfans du meilleur de tous les peres, pour avoir voulu leur aprendre un langage trop poly. Allez pauvres enfans parler à vôtre Pere celeste avec vôtre langage naturel : quelque barbare & grossier, qu'il soit, il ne l'est point pour lui. Un pere ayme mieux un discours, que l'amour, & le respect met en desordre, parce qu'il voit que cela part du cœur, qu'une Harangue séche, vaine & sterile, quoique bien étudiée. O que de certaines œillades d'amour le charment & le ravissent ! Elles expriment infiniment plus, que tout langage & tout raisonnement. Pour avoir voulu aprẽdre à aymer avec methode l'amour même, l'on a beaucoup perdu de ce même amour. O qu'il n'est pas necessaire d'aprẽdre un art d'aimer ! Le langage d'amour est barbare à celui qui n'aime pas, mais il est tres-naturel à celui qui aime ; & l'õ n'aprend jamais mieux à aymer Dieu qu'en l'aymant. En ce métier souvent les plus grossiers deviennent les plus habiles, parce qu'ils y vont plus simplement, & plus cordialement. L'esprit de Dieu n'a pas besoin de nos ajustements, il prend quand il lui plait des Bergers, pour en faire des Prophetes ; & bien loin de fermer le palais de l'Oraison à quelqu'un, comme l'on se l'imagine, il en laisse au contraire toutes les portes ouvertes à tous, & la

Sagesse a ordre de crier dans les places publiques : *Quiconque est simple, vienne à moy.* [Prov. c.9. v.4.] & elle a dit aux insensez, *venez, mangés le pain que je vous donne, & beuvez le vin, que je vous ay preparé.* [Prov. c.9. v.5.] *Jesus-Christ ne remercie-t-il pas son Pere de ce qu'il a caché ses secrets aux Sages, & les revelez aux petits.* [Matth. c.11. v.25.]

# XXIV

## Quel est le moyen le plus seur pour arriver à l'union Divine

l est impossible d'arriver à l'union Divine, par la seule voye de la meditation, ni même des affections : ou de quelque Oraison lumineuse, & comprise que ce puisse estre. Il y en a plusieurs raisons : voici les principales.

Premierement, selon l'Ecriture : *nul ne verra Dieu, tant qu'il sera vivant.* [Exode c.33. v.20.] Or tout l'exercice de l'Oraison discursive, ou méme de la contemplation active, regardée comme une fin, & non comme une disposition à la passive, sont des exercices vivans, par lesquels nous ne pouvons voir Dieu ; c'est à dire, estre unis à lui. Il faut que ce qui est de l'homme & de sa propre industrie, pour noble & relevé qu'il puisse estre, il faut, dis-je, que tout cela meure. S. Jean raporte que *dans le Ciel il se fit un grand silence.* [Apoc. c.8. v.1.] Le Ciel represente le fonds, & le centre de l'ame, où il faut que tout soit en silence, lors que la Majesté de Dieu y paroit. Tout ce qui est de propres efforts, & de proprieté doit estre détruit, parce que rien n'est oposé à Dieu, que la proprieté, & que toute la malignité de l'homme est dans cette propriété, comme dans la source de sa malice : en sorte que , plus une ame pert sa proprieté, plus elle devient pure ; & ce qui seroit un deffaut à une ame vivante a elle-même, ne l'est plus, à cause de la pureté & de l'innocence qu'elle a contractée, dés quelle a perdu ses proprietez qui causoient la dissemblance entre Dieu & l'ame.

Secondement pour unir deux choses aussi oposées, que le sont la pureté de Dieu, & l'impureté de la Créature ; la simplicité de Dieu, & la multiplicité de l'homme, il faut que Dieu opere singulierement : car cela ne se peut jamais faire pas l'effort de la creature, puisque deux choses ne peuvent estre unies, qu'elles n'ayent du rapport, & de la ressemblance entre elles, ainsi qu'un métail impur, ne s'alliera jamais avec un Or tres-pur & afiné. Que fait donc Dieu ? Il envoye devant luy sa propre Sagesse, comme le feu sera envoyé sur la terre pour consumer par son activité tout ce qu'il y a d'impur. Le feu consume toutes choses, & rien ne resiste a son activité. Il en est de même de la Sagesse, elle consume toute impureté dans la Creature, pour la disposer à l'union Divine. Cette impureté si oposée à l'union, est la proprieté, & l'activité. La proprieté, parce qu'elle est la source de la reelle impureté, qui ne peut jamais estre alliée à la pureté essentielle : de méme que les rayons peuvent bien toucher la boüe, mais non pas se l'unir. L'activité, parce que Dieu estant dans un répos infini, il faut afin que l'ame puisse estre unie à luy qu'elle participe à son repos ; sans quoy il ne peut y avoir d'union, à cause de la dissemblance ; puis que pour unir deux choses, il faut qu'elles soient dans un repos proportioné.

C'est pour cette raison que l'ame n'arrive à l'union divine que par le repos de sa volonté : & elle ne peut estre unie à Dieu, qu'elle ne soit dans un repos central, & dans la pureté de sa creation. Pour purifier l'ame Dieu se sert de la Sagesse, comme l'on se sert du feu, pour purifier l'Or. Il est certain que l'Or ne peut estre purifié que par le feu, qui consume peu à peu tout ce qu'il y a de terrestre & d' étranger, & le separe de l'Or. Il ne suffit pas à l'Or pour estre mis en œuvre, que la terre soit changée en Or : il faut de plus, que le feu le fonde, & le dissolve, pour tirer de sa substance tout ce qu'il lui reste détranger, & de terrestre, & cet Or est mis tant & tant de fois au feu, qu'il pert toute impureté & toute disposition a estre purifié. L'Orfevre ne pouvant plus trouver de mélange, a cause qu'il est venu à sa parfaite pureté & simplicité, le feu ne peut plus agir sur cet Or, & il y seroit un siecle, qu'il n'en seroit pas plus pur, & qu'il ne diminuëroit pas. Alors il est propre à faire les plus excellens ouvrages, & si cet Or est impur dans la suite, je dis que ce sont des saletez contractées nouvellement, par le commerce des cors estrangers. Mais il y a cette difference, que cette impureté n'est que superficielle, & n'empéche pas de le mettre en œuvre ; au lieu que l'autre impureté estoit cachée dans le fonds, & comme identifiée avec la nature. Cependant les personnes qui ne s'y connoissent pas, voyant un Or épuré couvert de crasse au dehors, en feront moins de cas , que d'un Or grossier, tres-impur, dont le dehors sera poly.

De plus, vous remarquerés, que l'Or d'un degré de pureté inferieure, ne peut s'alier avec celuy d'un degré de pureté superieure : il faut lue l'un contracte de l'impureté de l'autre ; ou que celui-ci participe à' la pureté de celuy-là. Mettre un Or épuré avec un grossier, c'est ce que l'Orfevre ne fera jamais. Que ferat-il donc ? Il fera perdre par le feu tout le mélange terrestre à cet Or, afin de le pouvoir allier à la pureté du premier. Et c'est ce qui est dit en S. Paul, *Que nos œuvres seront éprouvées côme par le feu, afin que ce qui est combustible soit brulé. Il est ajoûté, que la personne dont les œuvres se trouveront, propres à estre brûlées, sera sauvée, mais comme par le feu.* [1 Cor. c.3. v.13. & 15.] Cela veut dire, qu'il y a des œuvres receuës, & qui sont de mise ; mais pour que celuy qui les a faites, soit aussi pur, il faut qu'elles passent par le feu, afin que la proprieté, en soit ostée, & c'est en ce méme sens que Dieu examinera, *& jugera nos justices :* [Ps. 9. v.9.] *parce que l'homme ne fera jamais sanctifié par les œuvres de la loy, mais par la jusitce de la foy, qui vient de Dieu.* [Rom. c.3. v.20.]

Cela posé, je dis qu'afin que l'homme soit uni à son Dieu, il faut que sa sagesse, accompagnée de la divine justice, comme un feu impitoyable, & dévorant, oste à l'ame tout ce qu'elle a de proprieté, de terrestre, de charnel, & de propre activité : & qu'ayant osté à l'ame tout cela, il se l'unisse : ce qui ne se fait jamais par l'industrie de la creature, au contraire elle le souffre même à regret : parce que, comme j'ay dit, l'homme aime si fort sa propriété, & il, craint tant sa destruction, que si Dieu ne le faisoit luy-même, & d'authorité, l'homme n'y consentiroit jamais.

L'on me répondra à cela, que Dieu n'oste jamais à l'homme sa liberté, & qu'ainsi il peut toûjours, resister à Dieu : d'où il s'ensuit, que je ne dois pas dire, que Dieu agit absolument, & sans le consentement de l'homme. Je m'explique, & je dis, qu'il suffit alors qu'il donne un consentement passif, afin qu'il ait une entiere & pleine liberté ; parce que s'étant donné à Dieu dés le commencement de la voye, pour qu'il fît de lui & en lui tout ce qu'il voudroit, il donna dés lors un consentement actif, & général pour tout ce que Dieu feroit : mais lors que Dieu détruit, brûle, & purifie, l'ame ne voit pas que cela luy soit avantageux, elle croit plutôt le contraire, & de méme que le feu au commencement semble salir l'Or ; aussi cette operation semble dépoüiller l'ame de sa pureté. De sorte que s'il falloit alors un cõsentement actif, & explicite, l'ame auroit peine à le donner, & bien souvent, elle ne le donneroit pas. Tout ce qu'elle fait est de se tenir dans un consentement passif, souffrant, de son mieux cette opération, qu'elle ne peut, ni ne veut empécher.

Dieu donc purifie tellement cette ame de toutes operations propres, distinctes, appercuës, & multipliées, qui font une dissemblance tres-grande ; qu'enfin il se la rend peu à peu conforme, & puis uniforme, relevant la capacité passive de la creature, l'élargissant, & l'ennoblissant, quoique d'une maniere cachée, & inconnuë ; c'est pourquoi on l'apelle mystique. Mais il faut qu'à toutes ces operations l'ame concoure passivement. Il est vray qu'avant que d'en venir-là, il faut qu'elle agisse plus au commencement, puis à mesure que l'opération de

Dieu devient plus forte, il faut que peu à peu & successivement l'ame luy cede, jusques à ce qu'il absorbe tout à fait : mais cela dure long-tems.

On ne dit pas, donc Comme quelques-uns l'ont crû, qu'il ne faille pas passer par l'action ; puis qu'au contraire ç'est la porte : mais seulement qu'il n'y faut pas toûjours demeurer, vu que l'homme doit tendre à la perfection de sa fin, & qu'il ne pourra jamais y arriver qu'en quitant les premiers moyens, lesquels luy ayant esté necessaires pour l'introduire dans ce chemin, lui nuiroient beaucoup dans la suite, s'il s'y attachoit opiniastrément ; puisqu'ils l'empécheroient d'arriver à sa fin. C'est ce que faisoit S. Paul : *Je laisse* (dit-il) *ce qui est derriere, & je tâche d'avancer, afin d'achever ma course.* [Philip. c.3. v.14.] Ne diroit-on pas qu'une personne auroit perdu le sens, si ayant entrepris un voyage, elle s'arrétoit à la première Hôtellerie, parce qu'ont l'auroit asseurée, que plusieurs y ont passé, quelques-uns y ont sejourné, & que les maistres de la maison y demeurent ? Ce que l'on souhaite donc des ames, c'est qu'elles avancent vers leur fin ; qu'elles prenent le chemin le plus court & plus facile, qu'elles ne s'arrestent pas au premier lieu, & quet suivant le conseil de saint Paul, elles se laissent mouvoir à l'esprit de la grace, qui les conduira à la fin pour laquelle elles ont été creées, qui est de joüir de Dieu.

C'est une chose êtrange, que n'ignorant pas, que l'on n'est creé que pour cela, & que toute ame qui ne parviendra pas dés cette vie à l'union divine & à la pureté de sa création, doit brûler long-temps dans le Purgatoire pour acquerir cette pureté, l'on ne puisse néanmoins souffrir que Dieu y conduise dés cette vie : comme si ce qui doit faire la perfection de la Gloire, devoit causer du mal, & de l'imperfection dans cette vie mortelle. Nul n'ignore que le Bien Souverain est Dieu ; que la beatitude essentielle, consiste dans l'union a Dieu ; que les Saints sont plus ou moins grans, selon que

## XXIV – Moyen pour arriver à l'union Divine

cette union est plus, ou moins parfaire ; & que cette union ne se peut faire dans l'ame par nulle propre activite, puis que Dieu ne se communique à l'ame, qu'autãt que sa capacité passive est grande, noble, & étenduë. L'on ne peut estre uny à Dieu sans la passiveté, & la simplicité : & cette union étant la beatitude mème, la voye qui nous conduit dans cette passiveté, ne peut-estre mauvaise, au contraire elle est la meilleure : & il n y a point de risque a y marcher.

Cette voye n'est point dangereuse ; si elle l'estoit, Jesus-Christ en auroit-il fait la plus parfaite & la plus necessaire de toutes les voyes ? Tous y peuvent marcher, & comme tous sont appellez à la Beatitude, tous sont aussi apellez à joüir de Dieu, & en cette vie ; & en l'autre puisque la joüissance de Dieu fait nostre beatitude. Je dis de Dieu luy-méme, & non de ses dons, qui ne pourroient faire la beatitude essentielle, ne pouvant pas contenter pleinement l'ame : car elle est si noble, & si grande, que tous les dons de Dieu les plus relevez, ne pourroient la rendre heureuse, si Dieu ne se donnoit lui-méme a elle. O tout le desir de Dieu est de se donner lui-méme à sa creature selon la capacité qu'il a mise en elle ! & l'on craint de se laisser aller à Dieu ? On craint de le posseder, & de se disposer à l'union divine ?

L'on dit qu'il ne s'y faut pas mettre de soy-méme ; j'en conviens ; mais je dis aussi qu'aucune creature ne pourroit jamais s'y mettre ; puis que nulle creature au monde ne pourroit s'unir à Dieu par tous ses efforts propres, & qu'il faut que Dieu se l'unisse. Si l'on ne peut s'unir à Dieu par soy-méme, c'est crier contre une chymere ; que de crier contre ceux qui s'y mettent d'eux-mêmes. L'on dira que l'on feint d'y étre. Je dis que cela ne se peut feindre, puisque celui qui meurt de faim, ne peut feindre, sur tout pour long-tems, d'étre dans un rassasiement parfait. Il luy échapera toûjours quelque desir, ou envie, & il fera. bien-tôt connoître, qu'il est bien loin de sa fin. Puisque donc nul ne peut entrer dans sa fin, que l'on ne l'y mette ; il ne s'agit pas d'y introduire personne, mais de montrer le chemin qui y conduit ; & de conjurer, que l'on ne se tienne pas lié, & attaché à des Hôtelleries, ou pratiques, qu'il faut quitter, quand le signal en est donné, ce qui se connoit par le Directeur experimenté, lequel montre l'eau, vive, & tâche d'y introduire. Et ne seroit-ce pas une cruauté punissable, de montrer une source à un homme altéré, puis le tenir lié, & l'empécher d'y aller, le laissant ainsi mourir de soif ? C'est ce que l'on fait aujourd'huy. Convenons tous du chemin, & convenons de la fin, dont on ne peut douter sans erreur. Le chemin a son commencement, son progrez & son terme. Plus on avance vers le terme, plus necessairement s'éloigne-t'on du commencement ; & il est impossible d'arriver au terme, s'éloignant toûjours plus du commencement, ne pouvant aller d'une porte, à un lieu écarté sans passer par le milieu : cela est incontestable. Si la fin est bonne, sainte & necessaire : si la porte est bonne, pourquoy le chemin qui vient de cette porte, & conduit droit à cette fin, sera-t'il mauvais ? O aveuglement de la plus part des hommes, qui se picquent de science & d'esprit ! O qu'il est vray mon Dieu, que vous avez caché vos secrets aux grands & aux sage, pour les reveler aux petits.

# Fin

# AVERTISSEMENT

n a jugé à propos de joindre à ce petit ouvrage, la Lettre d'un celebre Docteur, & tres-grand Serviteur de Dieu ; tant pour appuyer de son témoignage, les maximes contenuës en ce Livre ; que pour servir de plus ample instruction, touchant la maniere dont il faut entrer dans l'Oraison desimplicité, ou de repos, & de foy, & y perseverer. Cette lettre a été composée en Espagnol, & imprimée a Madrid sur son Original, l'an 1657. puis elle fut traduite en Italien, & imprimée a Rome : & en suite mise en François, & imprimée à Paris. Ainsi trois grandes Nations, lui ont rendu, châcune dans sa langue, & dans ses tribunaux Ecclesiastiques, l'approbatiõ qu'elle merite.

# LETTRE

### DU SERVITEUR DE DIEU, LE REVEREND PERE

## JEAN FALCONI,

### DE L'ORDRE DE NOSTRE DAME DE LA MERCY, À UNE DE SES FILLES SPIRITUELLES.

*Où il luy enseigne le plus pur,*
*& le plus parfait esprit de L'Oraison*

A TRES-CHERE FILLE EN N.S. *Que Dieu soit sans cesse avec vous, & vous remplisse de luy-méme, & de* ses don,

J'ay consideré ce que vous m'avez dit touchant l'estat de vostre ame ; j'ay vû le degré où elle se trouve, & il me semble que pour l'avancer de plus en plus à la perfection, il faut qu'elle s'engage moins que de coûtume dans les opérations sensibles. Il faut qu'elle s'éloigne de tout ce qui a quelque raport aux puissances corporelles, & pour cet effet voicy la maniere d'Oraison que je vous conseille.

E'tablissez vous bien en la presence de Dieu, & comme c'est une verité de la foy, que sa Majesté divine remplit tout de son essence, de sa presence, & de sa puissance ; faites un acte intérieur de cette foy, & persuadez-vous fortement de cette importante verité. Remettez-vous toute entiere en ses paternelles mains, abandonnez vôtre ame, vostre vie, vostre interieur & vostre exterieur à sa tres-sainte volonté, afin qu'il dispose de vous-méme selon son bon plaisir, & son service, dans le temps, & dans l'eternité ?

Cela fait, demeurez en paix, en repos, & en silence ; comme une personne qui ne dispose plus dequoy que ce soit : ne pensez volontairement à aucune chose, quelque bonne, &

quelque sublime quelle puisse estre ; & ne vous attachez qu'à demeurer dans la pure foy de Dieu en general, & dans la resignation que vous avez faite à la sainte volonté.

Gardés vous bien de croire que cet état soit un état d'oisiveté, parce qu'en verité il ne l'est pas ; l'ame est au contraire mieux occupée que jamais, parce qu'elle opere tout ce que je vais vous dire, quoy qu'elle ne s'en aperçoive pas.

Sçachez donc, qu'elle exerce alors d'une maniere tres-excellente les trois Vertus Theologales, la Foy, l'Esperance, & la Charité. La Foy, parce qu'elle croit Dieu present. L'Espérance, parce qu'elle attend de luy une infinité de graces, qui'il luy veut faire ; & que pour rien du monde elle ne demeureroit en cet état, si elle n'esperoit quelque chose. La Charité, vû qu'elle aime son Dieu ardemment, quelle est toute resignée entre ses mains, & qu'elle ne veut que ce qui luy plait, ce qui est sans doute, un perpetuel acte d'amour.

Vous faites un acte de Justice, qui consiste à donner ce qui apartient à châcun ; & puisque vous estes toute à Dieu, par le don que vous en venez de faire, vous n'avez plus droit de disposer de vous-méme.

Vous faites un acte de Prudence, qui ne peut-estre plus grande, dans le peu d'estime que vous avez de vostre propre volonté, que de vous abandonner toute à la Providence de Dieu, afin qu'elle fasse en vous ce qui lui plaît.

Vous faites un acte de Force, puisque sans perdre courage, vous perseverez, & que sans vous rebuter, vous souffrez souvent dans cette Oraison les peines, les combats des tentations, des secheresses, & des pensées importunes, qui ne manquent pas alors, de vous persecuter plus cruellement : & en cela même, vous faites un grand acte de Patience, parce que vous supportés toutes ces peines dans la veüe de la volonté de Dieu.

Mais ce qui s'exerce le plus hautement en cet état, c'est l'Humilité ; puisque pendant qu'une personne n'a aucun sentiment de ce qu'elle fait, qu'au contraire il luy semble qu'elle ne fait rien ; ne pouvant voir ce qu'elle fait, elle s'humilie à plein fonds : elle confesse quelle n'eſt propre à quoy que ce soit, & que ce qu'elle a de bon vient de Dieu, sans qu'elle ait jamais merité de le recevoir.

Vous donnez encore par ce moyen de dignes loüanges à la Grandeur de vôtre Dieu, puisque, comme dit S. Hierôme, la vraye maniere de bien loüer cette souveraine Majeſté, c'eſt le silence, faisant taire toutes vos loüanges & confessant qu'il ne vous apartient pas de loüer un si grand Seigneur, ni de traiter avec lui.

Vous faites un acte de la vertu de Libéralité, & un autre de Magnanimité ; puisque vous, donnez à Dieu tout ce que vous avez de meilleur, c'eſt à dire , voſtre ame méme, & voſtre volonté toute entiere.

Enfin vous pratiquez presque toutes les vertus, que je n'explique pas davantage ; parce que je n'ay point de termes pour exprimer les grands biens, qui se trouvent renfermez dans cette humble, pure, & veritable maniere de prier en silence, & en abandon. C'est celle que le divin Maître nous enseigna dans le Jardin, où pendant trois heures qu'il y pria, toute son Oraison ne fut, que d'abandon à la volonté de son Pere, & où dans cet estat il souffrit tout ce qu'il plût à ce même Pere, jusqu'à sentir les rigueurs, de l'agonie & de la Croix.

Voila, ma chere Fille, ce que vous avez à imiter, en vous crucifiant vous-même avec sa divine Majesté, pour ne vivre plus en vous, mais dans la tres-pure volonté de Nostre Seigneur, que je benis, & que je suplie de vous faire entendre ces veritez par les merites de sa Passion, & de sa Mort.

De toutes les vertus que j'ay marquées, & qui se pratiquent dans cette Oraison, sans que l'ame s'aperçoive de ce qu'elle fait, il arrive qu'elle se trouve avancée, & même établie dans une foy tres-vive, sans connoistre par où elle a recû tant de biens. Elle se trouve remplie d'une ferme esperance, & d'une ardente charité, & de toutes les autres vertus qui naissent de ces trois principales, que vous exercez, d'abord dans voſtre Oraison ; puisque selon saint Gregoire, les trois vertus Theologales sont les fontaines, & les sources de la vraye perfection de l'ame : & comme dans le Ciel la vie eternelle des Bienheureux s'entretient par la connoissance qu'ils ont des trois divines Personnes, de méme en ce monde la vie spirituelle des ames se soûtient par l'exercice interieur de ces trois grandes vertus.

Mais pour vaquer à cette Oraison plus purement, & plus spirituellement, gardez vous bien, en faisant ce que je vous ay conseillé, de vous occuper pour lors à considerer, que Dieu eſt present dans voſtre ame, & dans voſtre cœur ; car encore que ce soit une bonne chose, neanmoins ce seroit vous l'imaginer d'une maniere limitée, ce ne seroit pas le croire assez simplement, & en quelque sorte, ce seroit faire tort à sa Grandeur infinie, que de la regarder comme renfermée en quelque lieu, puis qu'elle remplir toutes choses.

Ne vous inquietez pas aussi à penser de quelle façon Dieu se trouve present où vous estes, comme font quelques uns, qui employent tout le temps de leur priere, à repeter ces paroles dans leur esprit : Vous estes icy Seigneur : je croy mon Dieu, que vous estes icy present.

Ne vous embarassés pas non plus de sçavoir, si vous estes recüeillie, ni si vôtre Oraison va bien, ou mal : ne vous amusez point à réfléchir sur ce que vous operez, ni a penser si vous mettez en pratique, ou non, les vertus que je vous ay marquées, ou autres choses pareilles ; Ce seroit occuper vostre esprit en ces foibles considerations, & rompre le fil de la parfaite Oraison. Ce seroit de méme, que si un homme qui lit, ou qui étudie faisoit sans cesse reflexion sur ce qu'il fait, & ne s'occupoit qu'à penser qu'il lit à present, & qu'à vouloir à tout moment examiner s'il lit ; ce feroit sans doute, se détourner de sa principale fin ; parce qu'au fonds, il ne faut se mettre en Oraison, que pour que Dieu fasse de nous ce qui lui plait, & qu'il opere dans noſtre ame ce qui lui sera plus avantageux. Tout autre exercice interieur ne serviroit qu'à troubler cette operation divine, comme un Peintre ne reüssiroit pas, à faire le portrait d'une personne, qui se remuëroit sans cesse. Ainsi donc, quand vous-vous trouvez dans ce repos spirituel, quelque bonne pensée, & quelque reflexion que vous formiez ; elle vous diſtraira, & empéchera que Dieu n'opere dans voſtre ame, les misericordes qu'il vous veut faire.

Qu'il soit beni eternellement, de ce qu'il veut bien nous porter luy-même, où nôtre foiblesse, & nôtre nonchalance ne peut arriver ; si bien que quand l'ame s'eſt une fois mise entre les mains de ce Tout-puissant Seigneur, il ne faut plus qu'elle se souvienne de soy-même ; c'eſt ainsi qu'en parle S. Auguſtin au ch. 10. du

9. Livre de ses Confessions Que toutes les imaginations cessent, dit-il, que les Cieux se taisent : que l'ame même garde en soy un profond silence, & qu'elle s'abandonne toute à Dieu, comme si elle ne pensoit plus à soy. Et le Bien heureux Pierre d'Alcantara dans le huitieme Avis qu'il donne sur l'Oraison, dit, que la personne qui prie doit s'oublier, & tout ce qu'elle fait, parce que, comme disoit un des Anciens Peres, la parfaite Oraison est celle où celui qui prie ne se souvient pas qu'il est actuellement en priere.

Perdez-donc bien la memoire de vous-mêmes, abîmez-vous dans la foy nuë, & obsure de la Divinité : vous ne serez jamais en plus grande seureté, & ne ferez jamais plus de profit, que quand il vous semblera d'étre perduë, & aneantie dans cet abîme. Vous ne sçavez pas peut-étre de quelle maniere cette perte arrive à l'ame, il faut que je vous l'explique par une comparaison, & quoy qu'elle soit assez naturelle, elle est pourtant bien au dessous de la verité.

Imaginez-vous avoir pris un petit poisson dans la Mer, & que vous le mettez dans un vase plein d'eau, où vous prenés plaisir de le voir nager ; le pauvre animal est toûjours en danger d'estre repris, d'estre blessé, d'estre mal-traité ; mais si vous le rejettez dans la Mer, où il s'engouffre aussi-tost & se dérobe à vostre veuë, direz-vous pour cela qu'il soit perdu ? & n'est-il pas en plus grande seureté que lors que vous le gardiez plus êtroitement ?

C'est ainsi que vous-vous jettez, & que vous-vous noyés ce semble dans la foi obscure de Dieu ; vous penserés, peut-estre, selon vostre façon de concevoir, estre perduë ; & cependant vous ne ferez jamais en estat d'un plus grand avancement spirituel, jamais plus en seureté, jamais plus éloignée de tout peril, & de toute tromperie du Demon. Comme dans ce profond neant : il n'y a rien de semblable, le Tentateur n'y peut penetrer, & jamais vostre ame ne fut mieux occupée, que quand elle a perdu l'apuy d'elle-rnéme, & que toute l'inquiétude, que toute la reflexion, que tout le sensible eſt détruit. En cet eſtat de foy pure & sans mélange d'aucune choſe creêe, l'entendement croit en Dieu, & la volonté l'aime, avec une delicatesse d'esprit qui ne l'embarrasse point des affections naturelles, dont le propre eſt de ternir la pureté de l'amour spirituel.

Cette maniere de prier avec un parfait abandon de tout le sensible eſt un Paradis sur la terre. D'où vient que S. Auguſtin, au lieu que j'ay marqué, dit encore : que si cette contemplation eſtoit de durée, elle feroit quasi la même chose que celle dont les Saints joüissent au Ciel. Oüy en verité, poursuit-il, si elle eſtoit de durée, ce seroit comme qui seroit entré dans la pleine joüissance de Dieu. O que ce Docteur éclairé dit vray ! car il n'y a de difference entre la contemplation de la Terre & celle du Ciel, qu'en ce point, c'eſt qu'au Ciel on regarde Dieu face à face, & icy bas on le considere sous le voile de la foy.

Mais à propos de cette doctrine de saint Augustin, il faut que je vous donne un avis pour que cette Oraison devienne en vous toûjours plus parfaite ; c'est que supposé que la contemplation soit plus excellente, & l'amour plus exquis, lors qu'il y a moins de sensible, & que l'un, & l'autre soit plus durable dans un même acte continué, que dans plusieurs differens ; sans doute la meilleure Oraison, & le plus ardent amour doit ressembler à ceux qui le pratiquent dans le Ciel ; où comme l'enseigne S. Thomas, ce n'est qu'un acte continué de contemplations, & d'amour.

Je voudrois donc que tous vos jours, tous vos mois, toutes vos années, & vostre vie toute entiere fût employée dans un acte continuel de contemplation avec une foy la plus simple, & un amour le plus pur qu'il seroit possible. De maniere qu'aprez vous être abandonnée une fois à la volonté divine, & vous être une fois mise dans la Foy de Dieu present en toutes choses ; tâchez de continuer cet acte, & de vous y maintenir sans cesse. Quand vous employe-riez beaucoup d'heures à cette Oraison, quand vous y passeriez les nuits jusqu'à la pointe du jour, ne vous embarrassez pas de nouveaux actes, mais continuez celuy de foy & d'amour que vous avez fait dés le commencement, lors que vous-vous estes totalement abandonnée entre les mains de nôtre Seigneur.

En cette disposition, quand vous-vous mettrez en priere, il ne sera pas toûjours neces-saire de vous donner à Dieu de nouveau, puisque vous l'avez déjà fait : car comme si vous donniez un diamant à vostre amie, aprez l'avoir mis entre ses mains, il ne faudroit plus luy dire, & luy repliquer tous les jours, que vous lui donnez cette bague, que vous luy en faites un present ; il ne faudroit que la laisser entre ses mains sans la reprendre, parce que pendant que vous ne la luy ôtés pas, & que vous n'en avez pas même le desir, il est toûjours vray de dire que vous luy avez fait ce present, & que vous ne le revoquez pas. Ainsi, quand une fois vous-vous étes absolument mise entre les mains de nôtre Seigneur, par un amoureux abandon, vous n'avez qu'à demeurer là : gardez-vous de l'inquietude, & des efforts, qui tendent à faire de nouveaux actes, & ne vous amusez pas tant à redoubler vos affections sensibles : elles ne font qu'interrompre la pure simplicité de l'acte spirituel, que produit vôtre volonté.

Ce qui est de plus important, c'est de n'ôter pas à Dieu ce quel vous luy avez donné, en faisant quelque chose notable contre son divin bon plaisir. Car pourveu que cela n'arrive pas ; l'essence & la continuation de vostre abandon, & de vostre conformité au vouloir de Dieu dure toûjours, parce que les fautes legeres que l'on fait sans y bien penser, ne détruisent pas le point essentiel de cette conformité.

J'avoüe que peu de personnes arrivent à cet estat de foy si grande, & si continuë, par un méme acte d'amour purement spirituel. Mais je vous découvre mon desir, & comme je voudrois que tout le monde tâchât de faire connoistre, d'où vient que l'on ne continuë pas dans cette façon de prier. C'est sans doute, qu'il semble à plusieurs que les exercices de la vie humaine interrompent cet acte d'amour continué ; pour cet effet ils s'efforcent d'en faire de nouveaux, & de sensibles, afin de s'asseurer, de connoistre & de sentir ce qu'ils font. Cependant il est certain que ce qui n'est point contre la volonté de Dieu ne trouble point l'abandon, ny la conformité au divin vouloir. O que ce grand homme & fameux spirituel Gregoire Lopez avoit excellemment compris cette pureté d'esprit ! Sa vie estoit une perpetuelle Oraison, & un acte continuel de contemplation & d'amour de son Dieu, & de son prochain ; & cet acte estoit en luy si pur, si spirituel, & pour ainsi dire, si sec, & si reservé à ne donner rien au sensible, qu'il sembloit plutôt un Seraphim dans un corps, qu'un homme comme les autres. Il disoit qu'il ne vouloit pas donner le moindre morceau à la nature, mais il tenoit l'homme intérieur tellement separe de l'exterieur, qu'en chose quelconque il ne vouloit avoir aucun commerce avec les sens. Et depuis qu'il fut arrivé à cet acte continuel de foy, d'abandon & d'amour, il ne se permettoit, ni soûpir, ni oraison jaculatoire, ni quoy que ce soit de senfible. C'est-là, ma Fille, où je voudrois bien vous voir arrivée, & ce Serviteur de Dieu possedoit cette vertu en si eminent degré, que son compagnon le Licentié Loza, soûpirant un jour en se promenant, & laissant sortir un, helas ! il luy dit, qu'il falloit bien ainsi donner à la nature quelque morceau à manger, de peur qu'elle ne mourût de faim.

J'ay voulu au reste vous découvrir le secret de cette spirituelle & continuelle façon de prier, afin que vous-vous avanciez, dans cette voye, que vous-vous défassiés peu à peu des mouvemens sensibles des actes redoublés, & de la reflexion volontaire dans l'Oraison, vous asseurant, qu'en vous débarassant de toutes ces choses, vous monterez au plus sublime estat de l'esprit. Je vous l'ay dit encore pour vous faire entendre que si quelques-fois, soit dans l'Oraison, soit dehors, vous goûtés quelques douceurs & quelques tendresses d'affections, vous sçachiez que ce n'est pas en cela que consiste la pureté de l'esprit. Ce n'est qu'un acte mêlé des sensibilitez de la nature, qui ne porte aucune seureté d'amour de Dieu ; ce n'est qu'un goût du sens interieur, qui dans ce moment prend plaisir à ce qu'il fait.

Pour vous expliquer mieux ce que je dis, il faut que je me serve des paroles du grand Contemplatif Richard de S. Victor, qui dans le Traitté qu'il a fait sur les Cantiques parle de la sorte. La tendresse & la douceur que l'on sent dans les choses de Dieu, est en quelque maniere charnelle. On s'y peut tromper, & souvent c'est plutôt un effet de l'humanité, que de la grace elle part plus du corps que du cœur, & plus des sens que de l'esprit & de la raison. De sorte que quelque-fois on s'attache plûtôt au moins bon, parce qu'il est savoureux ; qu'au plus avantageux, parce qu'il est moins agréable.

C'estoit avec une pareille tendresse que les Disciples aymoient, & prioient le Dieu incarné pendant qu'il vivoit au monde ; ils ne vouloient pas estre separés de sa Personne, & en cela ils ne l'aymoient pas purement, & ils agissoient plus par le motif de leur plaisir que de leur devoir. Ainsi, poursuit Richard, un homme sensuel & imparfait peut croire qu'il ayme Dieu, non pas parce qu'il l'ayme beaucoup ; mais parce qu'il sent la douceur de sa grace, cependant le veritable amy se connoist, non pas lors qu'il reçoit des bienfaits, mais lors qu'il est accablé de tentations & de travaux.

Jugés de là combien de personnes spirituelles se trompent dans leurs douceurs, & dans leurs tendres recüeillemens ; s'imaginant que ce soit un delicat amour de Dieu, quoi que ce ne soit bien souvent, qu'un veritable amour propre.

Mais je ne m'en étonne pas, car puisque les Disciples nourris des mamelles mêmes de la Doctrine de Jesus Christ, & élevez sous un si grand Maistre, ne se pûrent bien défaire de cet amour doux & sensible, ce n'est pas merveille, que les spirituels de nostre tems n'y arrivent pas. Mais rendons graces, tres-humbles à un si bon Maistre, qui les a instruits, & nous aussi à quitter toutes choses pour le suivre en vérité, dans une perpetuelle souffrance, jusqu'à la mort de la Croix. Aymés cela charitablement, ma fille. Aprenés bien cette leçon de cet excellent Maistre. Oubliés-vous de vous-mêmes : vuidés-vous de tout ce qui est vôtre ; afin que Dieu vous remplisse de luy, puisque comme disoient les Peres du tems de Cassien : Où vous n'étes pas, c'est - là justement que Dieu se trouve.

Je ne vous parleray pas plus au long sur ce sujet, mais j'en vais imprimer un petit Livre, où vous pourrez voir plus amplement tout ce qui regarde la doctrine dont je viens devons donner l'abrégé. Je prie nostre Seigneur qu'il vous conserve, & qu'il vous rende telle que le desire sa divine Majesté. Ainsi soit-il

*A Madrid, du Convent de Nôtre-Dame de la Mercy le 23 juillet 1628.*

# APPROBATION

Je soussigné Prestre, Docteur, en droit Canon, Bachelier de Sorbone, Syndic General du Clergé de Lyon, Custode de Sainte Croix, & Lieutenant en l'Officialité Ordinaire, & Metropolitaine de ce Diocese, ay lû le Livre qui a pour titre, *Moyen court & facile de faire Oraison*. Il paroit que la personne qui a composé ce Livre, est parfaitement instruite de l'exercice heureux, & necessaire de l'Oraison : elle en sçait tous les secrets, & tous les mysteres : elle en a gousté les douceurs, elle en a connû l'utilité ; & elle en marque les voyes, & les moyens dans ce Livre d'une maniere si sainte, si aisée, & si claire, que j'estime que ce livre parmy tant d'autres qui ont traité de cette divine matiere, qu'on ne sçaura jamais épuiser, aura pourtant sa distinction, & son utilité.

à Lyon ce 25. May 1686.

TERRASSON

## AUTRE APPROBATION

Je Soussigné Docteur de la maison & societé de Sorbonne, ancien Professeur de l'Université de Paris, rens le même témoignage que dessus.

Fait a Lyon ce 25 May 1686

Cohade

---

## CONSENTEMENT

Je Consens pour le Roy, qu'il soit permis à S$^t$. Antoine Briasson de faire reimprimer un Livre contenant quatre feuilles intitulé. *Moyen court & facile de faire Oraison, &c.* & un autre Livre d'environ une feuille, intitulé aussi *Lettre du Serviteur de Dieu : le R. P. Jean Falconi, &c* :

A Lyon, ce 17 May 1686

Vaginay

---

## PERMISSION

Permis de faire reimprimer. *Le Moyen court & facile de faire Oraison.*

a Lyon ce 15 May 1686

DULIEU

# Table des matières

Note de l'éditeur.................................................5
PREFACE..........................................................9
I – Tous peuvent faire Oraison..............................15
II – Manière de faire Oraison................................21
III – Pour ceux qui ne sçavent pas lire....................27
IV – Second Degré, d'Oraison................................33
V – Des Secheresses............................................37
VI – De l'Abandon..............................................39
VII – De la Souffrance.........................................43
VIII – Des Mysteres.............................................47
IX – De la Vertu.................................................51
X – De la Mortification........................................53
XI – De la Conversion.........................................57
XII – De l'Oraison de simple presence de Dieu........61
XIII – Du repos devant Dieu.................................69
XIV – Du Silence interieur...................................71
XV – Confession, & Examen de conscience...........75
XVI – De la lecture, & des Prieres vocales.............81
XVII – Des Demandes........................................83
XVIII – Des Deffauts..........................................85
XIX – Des Distractions, & tentations....................87
XX – De la Priere...............................................89
XXI – Que l'on agit noblement par cette Oraison....95
XXII – Des actes interieurs..................................111
XXIII – Aux Pasteurs, & aux Predicateurs..............121

XXIV – Moyen pour arriver à l'union Divine............129
AVERTISSEMENT......................................................143
Lettre du reverend Pere Falconi...................................145
APPROBATION.........................................................167
AUTRE APPROBATION..........................................168
CONSENTEMENT....................................................168
PERMISSION.............................................................168

Copyright © Jeanne-Marie Bouvier de La Motte Guyon, 2022
Édition : BoD – Books on Demand, info@bod.fr
Impression : BoD – Books on Demand,
In de Tarpen 42, Norderstedt (Allemagne)
Impression à la demande
ISBN : 978-2-3224-3999-7
Dépôt légal : Août 2022